Les Abbayes de France par GEO

Les Abbayes de France par GEO

Catherine Guigon

SOLAR

Sommaire

Ci-contre :
Le cloître de Moissac

Double page précédente :
L'abbaye de Fontfroide

L'âge d'or des abbayes

Qu'elles étirent leurs toits couverts d'ardoise dans la brume du matin ou qu'elles projettent leurs pierres blondes en pleine lumière, les abbayes, trésors inestimables, surgissent du passé. Leurs murs parfois en ruine célèbrent la ferveur de ces hommes épris d'absolu qui décidèrent, dès le IVe siècle, de se retirer du monde pour servir Dieu. L'âge d'or des abbayes bénédictines s'inscrit dans leur sillage. Il flamboie vers l'an mil pour enrichir à jamais notre patrimoine.

Selon la tradition, Martin, soldat dans l'armée romaine stationnée en Gaule durant l'hiver 337, s'est converti après avoir déchiré son manteau pour le partager avec un pauvre hère qui grelottait de froid. La nuit suivante, le Christ lui serait apparu en songe, portant le lambeau d'étoffe sur l'épaule... Baptisé et entré au service du futur saint Hilaire, évêque de Poitiers, Martin a caressé le rêve de se retirer du monde pour vivre dans l'ascèse, comme les cénobites d'Orient, ces moines des premières communautés chrétiennes dont il a entendu vanter les mérites. Il s'en est ouvert à l'évêque, dont le domaine englobe la vallée sauvage de Ligugé, à quelques portées de flèche de Poitiers, sur la rive droite du Clain ; l'endroit est désolé, à l'ombre d'épaisses forêts. Ainsi est né vers 361, sous l'impulsion de saint Martin, le premier monastère de la Gaule, futur royaume de France encore incertain de ses frontières. Ligugé s'est implanté dans un désert de verdure qui n'en évoquait pas moins celui, fort aride, où Jésus fit retraite pour mieux confronter sa foi aux tentations de Satan.

Une vie communautaire

La « maison de prières », initialement en bois, va faire école. Partout, en Île-de-France, en Provence, dans les piémonts alpins et ailleurs, des prédicateurs se lèvent aux IVe et Ve siècles pour porter la bonne parole. Ils appellent à une vie communautaire fondée sur le renoncement, la pauvreté de l'habit, l'abstinence et le jeûne. Ils prêchent l'étude et la prière dans le silence. Des histoires fabuleuses, dont le Moyen Âge cultivera la puissance symbolique, valorisent le monachisme et ses fondations initiales. Ainsi de la légende de saint Denis, premier évêque de Paris, martyrisé et marchant décapité, la tête entre ses mains, de Montmartre jusqu'à la plaine où il fut inhumé...

La vie monastique se développe en apprivoisant des sites naturels d'une grande beauté ou en se réappropriant d'anciens lieux de culte païens. Tantôt ce sont les rois qui prennent l'initiative de fonder une église pour vénérer des reliques, tel Childebert Ier, fils de Clovis, à Saint-Germain-des-Prés ; tantôt ce sont les évêques qui promeuvent un monastère ou parfois un centre de formation théologique, tel Lérins, au large de Cannes.

Comment organiser la vie derrière la clôture ? Quels principes adopter pour conduire les moines à la perfection chrétienne ? Très vite, dès le Ve siècle, plusieurs « règles mères » circulent, certaines venues d'Orient et traduites en latin. Saint Augustin, saint Basile, saint Pacôme et d'autres « maîtres » mystérieux multiplient conseils et prescriptions sur la nourriture, l'habillement, le temps de prière, la discipline et bientôt la charité. Dans leur diversité, les premiers monastères s'en inspirent. Puis un homme béni viendra, qui réalisera la synthèse de tous ces éléments : saint Benoît de Nursie.

Saint Benoît se retire au mont Cassin

Benoît est italien, né en Ombrie, vers 490, dans une famille aisée. Il a fait ses études à Rome avant de se retirer, trois ans durant, dans une grotte des Apennins, près de Subiaco. En 520, sans doute, il s'installa pour prier, avec une poignée de disciples, dans une tour de guet sur le mont Cassin qui domine la vallée en direction de Naples ; il y finira ses jours. C'est là qu'il a rédigé sa règle, en soixante-treize chapitres précédés d'un prologue. Selon lui, la vie monastique, empreinte de chasteté et de pauvreté, constitue « une école où l'on apprend le service du Seigneur ». Il en définit le cadre de vie : l'abbaye, placée sous la responsabilité d'un abbé qui entretient avec ses ouailles une relation spirituelle de maître à disciples. Le temps s'y partage entre le travail manuel (six heures par jour en été)

Page précédente :
Saint-Benoît-sur-Loire.

L'abbaye de Cluny sera appelée à étendre son pouvoir aux dimensions de la chrétienté.

et la prière (des vigiles de la nuit – *vigil gallus*, avant le lever du coq – aux complies du soir – à l'heure où le gallinacé lance son dernier cri). La ponctualité y fait loi ainsi que le respect des saisons liturgiques : la messe quotidienne de l'Opus dei, le Carême, la fête des saints... Rien n'est laissé au hasard : la nourriture, point trop abondante « afin de ne jamais être surpris par l'indigestion » ; le sommeil tout habillé, en conservant sa ceinture ; la réprimande publique en cas de faute... L'ensemble est envisagé avec *discretio*, une tempérance exemplaire, voire une certaine douceur, qui fait l'originalité de la règle bénédictine.

Durant deux siècles, sa diffusion en Occident fut lente, incertaine et contrariée par d'autres influences, dont celle de saint Colomban, un moine irlandais missionnaire, rude jusqu'à s'infliger des macérations, dont l'ascétisme fait des adeptes au VIIe siècle dans certaines abbayes mérovingiennes, à Jouarre ou Jumièges.

Charlemagne fait recopier la règle

L'organisation structurelle du monachisme en France date du Haut Moyen Âge avec Pépin le Bref, Charlemagne et les rois carolingiens. Auparavant, les établissements – plusieurs centaines – recensés dans le(s) royaume(s) vivaient en toute indépendance, chacun chez soi, selon ses propres exigences. Pour sa part, Pépin le Bref (751-768) adopte le point de vue unificateur de saint Boniface, archevêque et réformateur vers 742 de l'église franque du palais d'Austrasie (Germanie). Charlemagne, à son tour, envoie un émissaire au mont Cassin pour entrer en possession de la règle « authentique » de saint Benoît, qu'il fait recopier afin qu'elle prenne force de loi. N'est-ce pas la meilleure façon de consolider son empire, l'Empire chrétien d'Occident ? C'est chose faite au concile d'Aix-la-Chapelle,

Sainte Radegonde, captive du roi franc Clotaire, a fondé au VIe siècle l'abbaye de la Sainte-Croix, à Poitiers.

en 817, sous le règne de Louis le Pieux. L'organisateur du concile, saint Benoît d'Aniane (750-821), profite de l'occasion pour revoir et corriger la règle bénédictine, recodifiée dans un esprit plus « liturgique » : libérés de l'obligation de travailler, les moines ont vocation à se consacrer exclusivement à la prière, devenue prédominante... De ce point de vue, la très réputée abbaye de Cluny et ses huit cents dépendances deviendront un modèle du genre. Non sans soulever quelques objections. Quoi qu'il en soit, le processus d'unification est achevé vers l'an mil.

La culture de la vigne pour le vin de messe

À l'apogée de leur âge d'or, du Xe au XIIe siècle, les abbayes bénédictines occupent pleinement leur place dans la société féodale. Elles ont, tout d'abord, partie liée avec le pouvoir ou l'aristocratie naissante, qui les a souvent richement dotées en terres. En effet, s'il revient à un évêque de créer de toutes pièces un monastère, le fonder constitue pour un laïc l'œuvre pieuse par excellence, s'y faire enterrer est la garantie de la vie éternelle. Perpétuer cette assurance de père en fils suppose de nouvelles dotations patrimoniales...

Propriétaires fonciers parfois à la tête d'immenses domaines, les abbayes vont faire fructifier le sol, développant les travaux des champs pour leur subsistance et la culture de la vigne pour le vin de messe. Entre négoces, foires et pèlerinages, elles contribuent à la richesse générale. Elles reproduisent aussi la hiérarchie sociale du « monde » dont elles sont censées se couper : dans la noblesse se recrutent volontiers les abbés ou les prieurs ; les moines sont souvent d'extraction plus modeste, sans parler des « convers », frères laïcs employés aux tâches matérielles.

L'abbaye de Montmajour a été fondée au xe siècle sur un rocher inhospitalier aux portes d'Arles

Les abbayes jouent un rôle capital dans l'essor de la vie intellectuelle et culturelle. Dans ses Capitulaires, Charlemagne leur a fait obligation d'ouvrir des écoles, des bibliothèques. Les moines affûtent leurs plumes, recopient et diffusent les textes hérités de l'Antiquité, les livres saints mais aussi des ouvrages théologiques ou scientifiques. Ce « travail de bénédictin » s'avère d'autant plus nécessaire que l'usage du latin décline au profit du « vieux » français que parlent déjà les profanes. Les abbayes conservent la pratique de la langue savante et avec elle, la connaissance des œuvres de Cicéron, de Virgile, d'Ovide, etc., avant de rédiger leurs propres hagiographies.

Une ferveur sans égale

Enfin, rien n'est trop beau pour honorer Dieu. Sitôt la paix revenue après les invasions barbares, les abbayes vont apprendre à façonner la pierre, jusqu'aux volumes d'une pureté absolue de l'art roman. Il s'agira ensuite d'évider les murs pour que la lumière coule à flots, et d'inventer les couleurs du paradis à travers le vitrail. Pareille aventure monastique ne va pas sans une ferveur exceptionnelle, qui touche des milliers de personnes en quête d'absolu, de perfection et de Salut.

Une foi inébranlable, nourrie de merveilleux, pousse des cohortes de pèlerins sur les chemins de Montmajour ou du « Mont-Saint-Michel au péril de la mer » afin de solliciter le pardon ; elle les conduira plus tard, croisés en route vers la Terre sainte, à défendre le tombeau du Christ tombé aux mains des Infidèles. Elle en incitera également plusieurs milliers à enfiler le froc, la rugueuse robe de bure, pour emprunter les voies supposées de la sainteté. Avec une idée au cœur : conjurer la peur, obsessionnelle au Moyen Âge, de brûler pour l'éternité dans les flammes de l'Enfer.

Les reliques de saint Benoît, rapportées d'Italie par un moine, reposeraient dans l'abbaye qui porte son nom

Les restes du corps de saint Benoît de Nursie, le fondateur de la règle bénédictine enterré vers 560 au mont Cassin, en Italie, auraient été apportés en France par un moine franc et déposés en 673 à l'abbaye de Fleury, dans le val de Loire, rebaptisée depuis Saint-Benoît-sur-Loire.

Très vite, le précieux cadeau auréole de gloire le monastère, fondé en 630 dans une courbe verdoyante du fleuve. Une foule de pèlerins se bouscule devant l'ossuaire et chacun colporte le récit des miracles attribués au « père des moines d'Occident ». N'a-t-il pas réparé, de son vivant, une cloche brisée par le Diable, délivré un paysan retenu prisonnier par les Goths et ressuscité un enfant ?... Mais saint Benoît a surtout organisé la vie spirituelle et matérielle des religieux : *ora et labora*, entre la prière des heures, la *lectio divina* (l'étude de la Bible) et le travail. Celui-ci est à l'honneur, car « ne seront véritablement moines que ceux qui vivront de leurs mains ».

En 1020, l'abbé Gauzlin entreprend la construction de la tour-porche de l'abbaye afin « qu'elle soit un exemple pour toute la Gaule ».

L'édifice compte douze portes, reliées par des voûtes en arc double. Saint-Benoît-sur-Loire, aujourd'hui encore occupée par les bénédictins, s'impose comme une merveille de l'art roman avec sa basilique et ses chapiteaux historiés.

L'abbaye italienne de Mont-Cassin prétend elle aussi abriter les reliques de saint Benoît (représenté ici recevant l'offrande d'un manuscrit).

Durant des siècles, le « pardon de Montmajour » a permis de financer l'essor de la puissante abbaye provençale

Le Mons Major n'était qu'une butte calcaire de 43 mètres d'altitude, cernée par des marécages pestilentiels, à 5 kilomètres d'Arles. Des ermites y vivaient solitaires pour prier et enterrer les morts, nombreux dans une Provence alors ravagée par les Sarrasins. Jusqu'aux batailles de l'empereur Charlemagne contre les Infidèles et son désir, apocryphe peut-être, de voir la nécropole rupestre devenir monastère en ex-voto d'une victoire sur les Maures. L'abbaye se développe du XIe au XIIIe siècle, autour de l'humble chapelle Saint-Pierre, à demi troglodytique. Bientôt, l'abbatiale Notre-Dame domine la campagne de sa haute silhouette d'une blancheur éclatante. La réputation de l'abbaye doit beaucoup aux comtes de Provence qui y trouvent sépulture, mais elle fonde aussi sa prospérité sur le « pardon de Montmajour », institué vers 1030 autour d'un fragment supposé de la Vraie Croix. Les fidèles s'y rendent en barque à travers les marais, le 3 mai, fête de « l'invention de la Sainte Croix », dans l'espoir de racheter leurs fautes moyennant une offrande. À ces dons s'ajoutent les bénéfices de la vente de souvenirs, statuettes de saint Pierre ou images en plomb façonnées par les moines. Le succès est tel qu'en 1409 un chroniqueur recense 150 000 pèlerins ! Fortifié et coiffé d'une tour crénelée, le monastère roman n'en sera pas moins ruiné par les pillages, les famines et la peste.

Le clocher-poche de Saint Germain-des-Prés
perpétue la grandeur de l 'abbaye

Fondée par le fils de Clovis, l'abbaye de Saint-Germain-des-Prés acquiert rapidement une fortune considérable

Clovis, le roi des Francs, s'est fait baptiser sous l'influence de sa femme Clotilde et son héritier, Childebert Ier, a suivi son exemple. C'est en pleine campagne, sur la rive gauche de la Seine, qu'il fonde vers 588 un monastère pour abriter une relique. L'abbaye Sainte-Croix-Saint-Vincent ne devient Saint-Germain-des-Prés qu'en 756, après les funérailles de l'évêque de Paris, saint Germain. Nécropole des rois mérovingiens, l'abbaye s'enrichit. Au début du IXe siècle, le polyptyque de l'abbé Irminon dresse un état édifiant des biens ecclésiastiques de la communauté. Les domaines, où travaillent des frères mais aussi des serfs, couvrent plusieurs milliers d'hectares, en Île-de-France et ailleurs... Saint-Germain compte de nombreux ateliers d'artisans et des moines négociants font commerce de leurs productions, avec des corvées de charroi (transport) jusqu'en Rhénanie. Ruinée par les invasions normandes entre 845 et 882, l'abbaye ne tarde pas à renaître. En 1024, sous la houlette de l'abbé Guillaume de Vulpiano, elle se plie à la règle hégémonique de Cluny. Et la voici au XIIIe siècle richement dotée, telle qu'elle se dresse ci-contre, superbement corsetée dans ses fortifications, ceinte d'une double muraille couronnée de tourelles et protégée par un profond fossé. L'abbatiale, dont la nef culmine à 20 mètres, abrite neuf chapelles desservies par un déambulatoire. De ce passé, définitivement consumé dans les flammes de la Révolution en 1794, ne subsiste qu'un clocher-porche de pur style roman, érigé à partir de 990... À lui tout seul, il perpétue sa splendeur.

Un archange apparaît à l'évêque Aubert et lui donne l'ordre de bâtir le Mont-Saint-Michel

La *revelatio* rapporte les trois songes de l'évêque Aubert, visité dans son sommeil par l'archange saint Michel qui l'oblige, « à son corps défendant », à fonder un sanctuaire sur le mont Tombe envahi de ronces et cerné par les flots de la Manche. Comme le prélat rechigne, le messager du Ciel pose un doigt sur sa tête, menaçant de lui perforer le crâne. Découvert au XIe siècle, le « chef d'Aubert », la nuque trouée, est conservé dans l'église Saint-Gervais d'Avranches. Le « 17e jour des calendes de novembre », soit le 16 octobre 709, douze clercs s'installent sur l'îlot pour célébrer le service divin et le culte de l'archange. Le sanctuaire primitif et la chapelle préromane Notre-Dame-sous-Terre serviront d'infrastructures à l'église romane, flanquée de neuf travées, puis à l'ensemble de la « Merveille » rehaussée et embellie à la période gothique.

Les bénédictins prennent possession des lieux vers 966, date officielle de la fondation de l'abbaye. Charlemagne, grand réformateur de la vie monastique dès 789, lui avait témoigné de l'intérêt. Ses Capitulaires ordonnaient de doter le monastère d'une école, d'une bibliothèque et d'un *scriptorium* où des moines copistes développeront un art du livre très fécond, enluminant richement des centaines de manuscrits anciens. Le rayonnement intellectuel du Mont-Saint-Michel est considérable, notamment sous l'abbatiat de Robert de Torigni, de 1154 à 1186.

Les intellectuels du Moyen Âge s'arrachent les yeux à copier, transcrire et enluminer des textes et manuscrits sacrés

Travail de bénédictin par excellence, la copie est une œuvre pie et ascétique à laquelle les religieux, du moins ceux qui savent écrire, s'adonnent presque quotidiennement. Une tâche ingrate dans le *scriptorium* glacial, comme le rapporte un copiste anonyme qui se plaint auprès de ses futurs lecteurs : « N'oubliez pas, je vous prie, celui qui l'a copié. C'était un pauvre frère... Il avait froid ; et il a terminé la nuit ce qu'il n'avait su transcrire à la clarté du jour. » Un moine consacre un an à copier la Bible, et si la presbytie l'épargne, il transcrira une quarantaine d'ouvrages dans sa vie... Heureusement, chaque lettre tracée est censée remettre un péché ! Le travail s'effectue sur parchemin, à la plume d'oie ou de cygne, avec des encres de couleur. Certaines abbayes inventent leur propre écriture. Ainsi de l'écriture « brisée » ou « gothique », en usage au Mont-Saint-Michel. C'est ici également que prend forme la lettrine dite « normande », inscrite dans un cadre géométrique enrichi d'entrelacs, de feuillages ou de têtes d'animaux, lions et dragons. Au temps de sa splendeur, la bibliothèque du mont Saint-Michel, l'une des plus mieux dotées du XIe siècle, abritait 700 ou 800 titres : les Écritures, des ouvrages de théologie et de parénétique (l'art de prêcher), des livres savants d'histoire, d'astronomie ou de musique... Quelques-uns de ces ouvrages, parvenus jusqu'à nous, sont signés Gautier, Martin ou Hervard : de ces artistes nous ne connaissons que le nom.

Les Heures de Marguerite d'Orléans : la chasse au cerf, en présence de la Sainte Trinité. (conservé à la B.N.F).

Se concilier les faveurs de saint Michel, chargé de la pesée des âmes, suppose un pèlerinage dans la baie

Selon l'imagerie médiévale, l'archange saint Michel terrasse le dragon, symbole du Mal, mais il lui revient aussi de peser et de guider les âmes dans l'au-delà. Mieux vaut donc le vénérer ! Le pèlerinage à « Saint-Michel au péril de la mer » s'impose d'autant mieux que l'abbaye accumule les reliques : une dent de saint Nicolas, un bras de saint Laurent et divers objets d'adoration rapportés de Terre sainte au retour des croisades. À l'aube du XIe siècle, les autels et le bourg qui se développe en contrebas de l'abbatiale attirent une foule considérable de pèlerins, camelots, jongleurs, lors des grandes fêtes montoises : la Saint-Aubert (18 juin) et la Saint-Michel (29 septembre). Des chemins s'ouvrent à travers le bocage qu'empruntent des hordes de voyageurs portant besace. Ils marchent durant des jours, s'aidant d'un long bâton, le « bourdon ». Face à la baie, ils s'émerveillent de toucher au but, encore ignorants des dangers de la traversée, à marée basse, entre bras de mer et sables mouvants. Par temps de brume, le tintement d'une cloche leur permet de ne pas quitter la bonne direction. Certains meurent d'épuisement, d'autres sont noyés ou enlisés, mais nul ne renonce. Les rois donnent l'exemple qui, de Louis VII à Charles IX, viennent presque tous prier l'intercesseur divin. La ferveur est telle qu'avec la guerre de Cent Ans, l'archange est promu saint patron de la France.

Saint Bruno invite six de ses compagnons à se retirer avec lui « au désert », dans la Grande Chartreuse

Bien que la Grande Chartreuse ne soit pas une abbaye *stricto sensu* — en signe d'humilité, elle était dirigée par un prieur, et non par un abbé —, l'histoire de ce monastère et de son fondateur, saint Bruno, mérite d'être contée. Voilà plus de neuf cents ans, en 1084, ce brillant théologien, « écolâtre de la cathédrale de Reims », choisit de renouer avec la tradition orientale de l'érémitisme, au plus profond de la solitude. Les Alpes du Dauphiné, enneigées et inaccessibles six mois par an, lui offrent l'asile idéal. Bruno fait construire des chalets en bois à l'emplacement de l'actuelle chapelle et entame sa terrible retraite, coupé du monde par la clôture mais aussi isolé de ses compagnons par le silence et la vie recluse en cellules individuelles. Les laïcs ou « convers » qui assistent les moines logent hors les murs dans une maison basse, la « correrie », aujourd'hui transformée en musée. L'ordre austère des chartreux, dont les Coutumes ont été rédigées entre 1121 et 1128 par le prieur Guigues, grandit et traverse les siècles en dépit des réformes, des révolutions, des incendies... Les bâtiments actuels, érigés à l'ombre magnifique des crêtes qui culminent à plus de 2 000 mètres, datent du XVIIe siècle. Muets et vêtus de blanc, les chartreux y continuent leur voyage immobile dans la prière.

Le porche de l'abbatiale Notre-Dame est flanqué de deux tours octogonales fortifiées, hautes d'une quarantaine de mètres. La nef, aujourd'hui à ciel ouvert, est ceinte de solides pilastres. Le mélange des styles roman et gothique contribue à magnifier la beauté romantique des lieux.

Le duc normand Guillaume Longue-Épée redécouvre la première abbaye de Jumièges en chassant le sanglier

Au commencement se dressait un *castrum* romain, défendu par un bras de la Seine qui berce la presqu'île de Jumièges. Saint Philibert jugea l'endroit idéal pour y établir, sans doute en 654, un monastère qui fut ruiné deux siècles plus tard par les Vikings marchant sur Paris. Puis ce fut le silence jusqu'en 942 : au cours d'une chasse miraculeuse, le duc de Normandie, Guillaume Longue-Épée, parvint jusqu'aux bâtiments détruits, enfouis sous la végétation. Restaurée, l'abbaye bénédictine de Jumièges s'impose alors, avec celle, voisine, de Saint-Wandrille, comme l'une des plus puissantes du royaume. L'édification de l'abbatiale Notre-Dame dure six siècles, du porche roman de style anglo-normand (IXe siècle) à la nef sud en gothique primitif (XIIIe siècle) et au chœur en gothique rayonnant des années 1330. La renommée de Jumièges en fait une abbaye royale. La maîtresse de Charles VII, Agnès Sorel, surnommée la « Dame de Beauté », y met au monde l'un des enfants du roi, à la fin de l'an 1449. Elle ne se relèvera pas de ses couches et, selon ses dernières volontés, son cœur sera inhumé dans la chapelle de la Vierge. À la veille de la Révolution, Jumièges la blanche n'abrite plus qu'une vingtaine de moines. En 1791, l'abbaye est vendue comme bien national. Ses cloches sont fondues, transformées en canons pour les armées républicaines, et ses pierres dispersées.

Devenue nécropole royale au XIe siècle, l'abbatiale de Saint-Denis collectionne les insignes du pouvoir

C'est Dagobert qui donna l'exemple : ce roi mérovingien fut enterré dans l'abbaye de Saint-Denis en 638. Mais ce n'est qu'au XIe siècle, sous le règne des Capétiens, que l'abbatiale s'impose comme centre religieux du pouvoir temporel. L'abbé Suger (1122-1150), conseiller des rois Louis VI et Louis VII, accrédite l'idée que le saint patron veille sur le royaume. Et avec lui l'abbaye qui possède assez de lettres de noblesse pour tenir ce rang. On la dit fondée vers 475 par sainte Geneviève, sur le tombeau du premier évêque de Paris, Denis, martyrisé à Montmartre d'où il gagna la plaine, portant sa tête entre ses mains. À ses débuts, l'abbaye assimile les règles de saint Benoît et les usages colombaniens, introduits en Gaule au VIIe siècle par saint Colomban, un prédicateur irlandais épris d'humilité, sévère et enclin à punir les fautes par le fouet. Puis la nécropole royale, confortée dans son hégémonie, entre en concurrence avec la cathédrale de Reims, celle des sacres. Faute de lui ravir le Saint Chrême, l'huile « indélébile » servant à l'onction des rois, Saint-Denis s'approprie, à la fin du Moyen Âge, la consécration des reines dont le rituel n'appelait pas l'usage de cette huile sacrée. Mieux, l'abbaye devient gardienne des insignes de la royauté : le sceptre et la main de justice de Charlemagne y sont déposés. Et chaque souverain lui fait don de sa couronne, constituant un trésor sans pareil, chatoyant d'or, d'émeraudes et de rubis. L'abbatiale, remaniée par Suger vers 1140, épouse la technique naissante de la croisée d'ogives. Bientôt, elle ruisselle de lumière grâce aux élans gothiques du chevet agrandi et du transept élargi. Quant à la façade, elle s'orne d'une rosace et de trois portails d'une ampleur alors inusitée. Le portail ouest (ci-contre) évoque le Jugement dernier. Saint-Denis a été érigée en cathédrale en 1966.

Détail d'un des grands portails de la cathédrale Saint-Denis.

Les sarcophages de la crypte Saint-Paul, à Jouarre, témoignent de l'art funéraire sous les Mérovingiens

Si les humbles dormaient de leur dernier sommeil en pleine terre, les nobles de l'époque mérovingienne avaient droit à de somptueux sarcophages de pierre. Le Vénérable Agilbert, évêque et frère de sainte Théodechilde, première abbesse à diriger les moniales de Notre-Dame de Jouarre, fait ainsi ériger au VIIe siècle un mausolée familial attenant au monastère. La crypte Saint-Paul, dont les voûtes reposent sur d'imposantes colonnes de marbre, témoigne du renouveau de la sculpture funéraire, introduite en Gaule par les Romains et tombée en désuétude durant les invasions barbares. Le tombeau de sainte Théodechilde, au premier plan dans la crypte (ci-contre), est orné de coquilles ; celui d'Agilbert (au fond) présente d'étranges personnages sculptés. La crypte abrite d'autres tombeaux ; parmi eux, celui de sainte Ozanne, princesse irlandaise et fille de roi, entrée en religion à Jouarre dont la réputation avait franchi les mers. De son œuvre, on sait peu de choses, mais sans doute y a-t-elle connu la béatitude, si l'on en juge par l'expression de son gisant, qui date du XIIIe siècle (ci-dessus).

La prospérité de Notre-Dame de Jouarre, soumise à la règle bénédictine, lui vaut aussi quelques déboires. Située sur la route des Vikings, l'abbaye se dote vers 1150 d'une tour-clocher de style roman qui sert aussi de tour de guet. La construction des bâtiments conventuels actuels s'est échelonnée du XIVe au XVIIe siècle. Toutes les religieuses ont été dispersées sous la Révolution ; celles qui leur succèdent aujourd'hui y coulent des jours sereins.

HOC MEMBRA POST V
THEODECHILDIS INTEM
FVLGENS·STINVAR

La très autonome Église de Cluny, placée sous la seule autorité des papes, rayonne dans toute l'Europe

L'indépendance et la suprématie de Cluny étaient inscrites dès sa naissance. Lorsque le duc d'Aquitaine Guillaume le Pieux fait don, en 909, d'une villa en Mâconnais pour y fonder un monastère, il le dédie aux apôtres Paul et Pierre, et aux successeurs de ce dernier, les papes. Cluny échappe ainsi aux pouvoirs spirituel et temporel du royaume. Sous l'abbé Odilon (994-1048), l'abbaye devient Église (*Ecclesia Clunicensis*), admise à essaimer dans toute la chrétienté. Jusqu'au XIIe siècle, Cluny s'intègre à merveille dans la société féodale dont elle cultive les valeurs, et son influence est considérable. Comme tout seigneur, l'abbé, autorisé à porter les insignes honorifiques que sont la crosse et l'anneau, reçoit les honneurs dus à son rang et se mêle de politique. À l'instar des chevaliers, les « moines noirs » refusent de travailler la terre et laissent ce soin aux paysans. Ils vivent dans l'opulence et font bonne chère, accommodant même des morilles ! Cluny et ses dépendances déploient également des fastes inégalés pour célébrer l'office divin. La liturgie devenue prépondérante, les messes se succèdent et occupent l'essentiel des journées. Pour mieux servir le Ciel ou par péché d'orgueil, l'abbé Hugues de Semur entreprend la construction de la grande l'abbatiale romane, consacrée en 1130. Avec ses 187 mètres de long, ses cinq nefs et ses trois étages de voûte, elle s'impose comme la plus vaste de son temps ; elle ne sera détrônée que par la basilique Saint-Pierre de Rome, au XVIe siècle.

L'aventure cistercienne

Dès 1098, la nécessité d'une réforme du monachisme a entraîné la création de l'ordre de Cîteaux. Sous la houlette de son fondateur, l'abbé Robert, les cisterciens se lancent dans l'aventure de la pureté monastique retrouvée. Un soldat de Dieu, saint Bernard de Clairvaux, préside alors à l'extraordinaire expansion des « moines blancs ». En deux cents ans, du XIe au XIIIe siècle, le nouvel ordre se déploie, assurant la prospérité des plus célèbres abbayes du royaume de France.

Au tournant du XIIe siècle, les « seigneurs de Cluny » commencent à faire jaser. La règle de saint Benoît y subissait mille entorses : les moines trop bien nourris restaient oisifs, la liturgie était encombrée de fastes superfétatoires... Des voix s'élevèrent alors pour ramener les monastères à la pureté originelle. Elles prêchaient la pauvreté et l'ascèse dans le cénobitisme, la vie communautaire au « désert ». Saint Bruno donne l'exemple avec la Grande Chartreuse, qu'il fonde en 1084 ; Robert d'Arbrissel, prédicateur errant, est à l'origine de l'abbaye de Fontevraud, créée en 1101 dans le val de Loire. La naissance de Cîteaux répond, elle aussi, à cette logique.

Une naissance symbolique

L'aventure cistercienne commence un dimanche des Rameaux, le 21 mars 1098, journée hautement symbolique qui commémore à la fois l'ouverture de la semaine sainte et la fête de saint Benoît, père de la règle bénédictine. Quelques moines, guidés par l'abbé Robert, ont déserté la communauté religieuse de Molesmes tombée dans des errements qu'ils dénoncent, pour fonder un *novum monasterium*, un « nouveau monastère » plus conforme à leurs vœux. Ils ont choisi de l'implanter sur des terres données par le vicomte de Beaune, au cœur des ronciers et des marécages de la plaine de Saône, en Bourgogne, là où des joncs – les « cistels » auxquels l'abbaye doit son nom – poussent en abondance. Cîteaux va prendre son essor. Déjà, elle confirme ses choix de vie : le retrait du monde, loin des villes et des châteaux ; le silence qui seul permet aux âmes de dialoguer avec Dieu ; la simplicité du vêtement, réduit à deux ou trois pièces ; la frugalité de la nourriture, d'ordinaire végétarienne ; la dureté de la couche, sur une paillasse avec une couverture... Les moines de Cîteaux s'engagent à subsister en autarcie du fruit de leur travail, refusant d'accueillir des reliques, objets de pèlerinage et sources de revenus, ou de percevoir la dîme, un impôt sur les récoltes prélevé par l'Église. La prière enfin, sept fois par jour, s'effectue dans le dénuement, sans or, ni soie ni argent pour célébrer le culte. Ces matériaux onéreux sont abandonnés pour la terre cuite, le fer et le lin. Quelques années plus tard, Étienne Harding, un Anglais devenu abbé de Cîteaux en 1109, rédige les premiers statuts de l'ordre et la Charte de charité, une vertu considérée comme « l'art des arts ». Fort d'un succès immédiat, le nouvel ordre se développe rapidement par filiation, l'abbaye-mère engendrant quatre abbayes-filles ; l'une d'elles, Clairvaux, entrera dans l'Histoire sous la houlette de son fondateur, saint Bernard.

Saint Bernard entraîne sa famille

Bernard de Clairvaux est issu de la noblesse : il est le fils d'un vassal du duc de Bourgogne et seigneur d'une modeste place forte, Fontaine-lès-Dijon, où il naît en 1090. Il reçoit une solide éducation en latin, imprégnée de littérature, de rhétorique et de culture biblique, à l'école des chanoines de Saint-Vorles (Châtillon-sur-Seine). À vingt ans, taraudé par l'esprit de mission, il rêve de s'éloigner du monde. En avril 1112 – ou en mai 1113, les dates sont incertaines –, Bernard se présente à Cîteaux. Une trentaine de compagnons l'accompagnent, chevaliers comme lui ; certains sont des membres de sa famille. L'enthousiasme du néophyte fait merveille auprès de l'abbé Étienne Harding, qui l'envoie « essaimer », en 1115, et fonder l'abbaye de Clairvaux, près de Troyes, en Champagne, sur une propriété offerte par un cousin de Bernard, Josbert Le Roux, sénéchal du Barrois.

Figure charismatique, mélange paradoxal d'humanité et de sévérité, orateur et écrivain de talent, saint Bernard se révèle moine exemplaire et abbé rigoureux, incarnant les exigences de l'ordre auquel il

Page précédente : Sénanque, au milieu des champs de lavande.

L'abbaye de Fontfroide fut rattachée à l'ordre de Cîteaux en 1146, après une visite de saint Bernard en Languedoc.

donne toute son ampleur spirituelle. Sous son abbatiat, Clairvaux essaime, au rythme moyen de deux fondations par an, pendant trente ans. Les trois autres « abbayes-filles » de Cîteaux (Ferté, Pontigny et Morimond) font de même, au point que les cisterciens dirigeront trois cent vingt-quatre « maisons » à la mort de Bernard en 1153, cinq cents en 1200 et sept cents en 1300, réparties à travers la France mais aussi l'Europe. Outre la fondation des abbayes « filles », « petites-filles » ou « arrière-petites-filles », l'ordre s'élargit par affiliation, lorsque des ermitages ou des monastères d'une autre obédience, y compris bénédictine, demandent leur rattachement. Les abbayes cisterciennes n'en sont pas moins autonomes, toutes sur un pied d'égalité, libres dans leur gestion et le choix de l'abbé, élu par les ouailles. Les femmes sont tolérées dans l'ordre. La première communauté de moniales est fondée en 1125. Elle fait école avec, notamment, l'abbaye Notre-Dame de Fleury ; les communautés les plus importantes — Notre-Dame de Maubuisson (1236) et l'abbaye du Lys (1241) — doivent leur existence à Blanche de Castille, mère de saint Louis, deux fois régente, qui fut inhumée en robe de bure.

La chevalerie au service de Dieu

Pareils résultats font écho aux préoccupations du siècle en exaltant, dans le domaine spirituel, les vertus de la chevalerie triomphante. Saint Bernard, qui va prêcher en public la seconde croisade, à Vézelay, n'est-il pas nourri de cet esprit épique prônant le dépassement de soi ? L'ordre cistercien ne se présente-t-il pas comme un lignage ? Comment croire que les frères, issus de la noblesse ou à défaut « bien nés », ne s'identifient pas aux preux des romans de la Table ronde, pairs réunis autour du premier d'entre eux, le roi Arthur, modèle profane de l'abbé ? L'ascèse n'est-elle pas une forme de

Les granges de Clairvaux témoignent encore de la prospérité de l'abbaye, fondée en 1115 par l'abbé Bernard, « soldat de Dieu ».

prouesse ? L'adoration de la Vierge, femme parfaite, n'est-elle pas une transfiguration de l'amour courtois ?... Quant à la hiérarchie sociale, elle se reconstitue derrière la clôture, entre les moines et les convers qui font leur retour dans les abbayes réformées dès 1120. Ces laïcs seront entre trois cents et cinq cents à Clairvaux ou Pontigny en 1200.

L'abbaye cistercienne est prospère et emploie sur les terres qu'elle possède une main-d'œuvre nombreuse. Au Moyen Âge, elle fonctionne comme une véritable entreprise. Les moines développent autour de leur monastère de vastes domaines agricoles, des champs, mais aussi des bois, des pâturages, des vignobles. Ils défrichent, remodèlent les lopins en parcelles et pratiquent l'assolement. Des granges réparties sur leurs territoires servent à stocker le grain dont ils font volontiers commerce. Ils pratiquent également l'élevage, entretenant d'immenses troupeaux de vaches ou de moutons dont ils exploitent le lait, la laine et le cuir. Ils acquièrent également la maîtrise de l'eau, construisant des digues ou des canaux, utilisant la force hydraulique pour alimenter fontaines et lavabos, faire tourner les moulins. Leurs propriétés s'agrandissent sans cesse grâce aux terres cédées par les postulants ou offertes par les seigneurs en mal de rédemption, et désireux d'héberger sur leurs domaines des hommes de Dieu priant pour eux... De ces richesses qui s'accumulent, les abbés vont faire des œuvres d'art : investissant dans la pierre dès 1140, ils traduisent leur vision symbolique du monde dans le dépouillement de l'architecture cistercienne, jusqu'à l'absolue pureté de l'art roman. Mais construire des églises et des bâtiments claustraux suppose des savoir-faire : les abbayes ouvrent des forges pour fabriquer leurs outils, des fours pour cuire l'argile des tuiles, des pavements, des céramiques...

L'abbaye des Vaux de Cernay se rattache à l'ordre de Citeaux en 1147 et les Cisterciens achèvent la construction de l'église abbatiale, ruinée depuis.

La concurrence des ordres mendiants

Cette prospérité a son revers : les abbayes cisterciennes toutes puissantes prêtent une oreille de plus en plus complaisante aux rumeurs du monde qu'elles étaient censées ignorer. Le relâchement spirituel guette. En 1124, un moine quitte le « désert » pour devenir évêque. Dix ans plus tard le pli est pris, la promotion est autorisée par le chapitre général de l'ordre. En 1200, Cîteaux et ses filles auront fourni une centaine d'évêques et quinze cardinaux à l'Église séculière, lui prêtant main-forte pour combattre les hérésies cathare, albigeoise et vaudoise. Force est de reconnaître que le pouvoir temporel leur fait aussi des avances. Philippe Auguste (1165-1223) et saint Louis (1226-1270) ont fondé des abbayes. Un geste qui accroît leur autorité et légitime leur prestige...

Les manquements à la règle se multiplient ; bientôt Cîteaux prélève la dîme, salarie les convers, exploite des serfs et tombe dans le régime commun. Les abbayes cisterciennes, débordées par le succès, se révèlent à leur tour incapables de maîtriser leur fortune et de surveiller leurs immenses domaines qui débordent largement les frontières du royaume. Comment les pères-abbés pourraient-ils parcourir des routes aussi longues pour visiter leurs filles et s'assurer de la bonne marche des affaires ? Trop riches et vulnérables, l'ordre subira également les malheurs de la guerre de Cent Ans.

Plus grave encore des ordres mendiants concurrents, nouveaux venus dans la vie spirituelle, apparaissent à la fin du XIIIe siècle. Les carmes, les augustins, les dominicains, les franciscains appellent à un retour à la pauvreté évangélique partout où la civilisation progresse, hors les murs monastiques et loin des campagnes, dans les villes en pleine expansion. La désaffection est au rendez-vous ; la grande aventure cistercienne touche à sa fin.

Saint Bernard, abbé de Clairvaux, marque de sa forte personnalité le destin de l'ordre cistercien

Très vite, le *novum monasterium* de Cîteaux, fondé en 1098, essaime et donne naissance, entre 1113 et 1115, à quatre « abbayes-filles » : Ferté, Pontigny, Morimond et Clairvaux (ci-contre), dans le val d'Absinthe, en Champagne. Cette dernière est dévolue à l'abbé Bernard de Fontaine, dont un cousin a offert les terrains.

Refusant de progresser dans la hiérarchie de l'Église, saint Bernard exercera son magistère à Clairvaux pendant trente-huit ans, jusqu'à sa mort en 1153. Sa grande rigueur fait de lui un « soldat de Dieu » et contribue à l'extraordinaire développement du monastère, qui engendre à son tour la création de cent soixante-quatre communautés. Ces « maisons » opposent la stricte simplicité de la vie monastique au luxe de l'abbaye de Cluny, dont saint Bernard dénonce, dans *L'Apologie à Guillaume de Saint-Thierry*, l'« extraordinaire richesse, ces vêtements somptueux, ces tables trop bien garnies, toute cette vaisselle d'or et d'argent », pour mieux constater : « Ils aiment trop le profit pour pouvoir aimer autant le Christ. » Pour sa part, l'abbé de Clairvaux appelle au dénuement et veut que ses frères soient vêtus d'une tunique et d'une coule de laine écrue, qui les feront surnommer les « moines blancs ». Lui-même se plie à une ascèse rigoureuse et s'inflige des mortifications. La personnalité spirituelle de saint Bernard l'amène à prêcher la deuxième croisade, en 1146 à Vézelay, devant Louis IX, le célèbre saint Louis, et son rayonnement lui survivra durant deux siècles.

Page de gauche :
Fondée le 25 juin 1115 par saint Bernard, dans la vallée de l'Aube, l'abbaye de Clairvaux fut construite dans les années 1140-1160 et accueillit près de 500 moines convers. Transformée en manufacture après la Révolution et partiellement détruite au XIXe siècle par l'État, qui l'aménagea en prison de femmes, elle est à présent restaurée. Ici, le cellier voûté d'ogives en plein cintre.

Ci-contre :
Écrivain et orateur de talent, saint Bernard de Clairvaux consacre une partie de sa vie à pourfendre le Diable mais aussi tous ceux qu'il considère comme des ennemis de Dieu, tels les hérétiques cathares. On le voit ici prêchant au chapitre, d'après une enluminure du livre d'heures d'Étienne Chevalier peinte par Jean Fouquet (vers 1415-1481).

Sénanque s'installe au fond d'une vallée boisée, un site propice à « l'accroissement » des vertus

Les moines qui fondent une nouvelle communauté cistercienne vont par douze, tels les apôtres, et c'est donc avec onze compagnons que Philippe de Mazan arrive, le 9 juillet 1148, dans le vallon de Sénanque, en Provence. L'endroit, des gorges solitaires et marécageuses, répond au vœu de saint Bernard, sensible au climat de labeur et d'ascèse que donne la nature sauvage : « Pensez-vous, écrit-il, qu'on ne peut pas tirer le miel du rocher ? » Une rivière, la Sénancole, procure l'eau nécessaire, des carrières voisines fournissent la pierre à bâtir. Les moines se mettent à l'ouvrage, drainant le sol et collectant l'eau dans un bassin, futur vivier. Des tâcherons de la région, carriers, scieurs, bardeurs qui marquent leurs blocs d'initiales gravées pour se faire payer à la pièce, leur prêtent main-forte. Ensemble, ils manient la pioche, le maillet, le coin, le grattoir et quantité d'outils pour façonner la roche. Des milliers de pierres taillées s'enchâssent ainsi, presque sans mortier. Bientôt, l'abbatiale prend forme : le chœur, vers 1150-1160, avec son abside centrale et quatre absidioles ; la nef, après 1180, extrêmement dépouillée, éclairée d'une rosace en façade.
Durant un siècle, les donations affluent. À la fin du XIIIe siècle, l'abbaye possède d'immenses pâturages, des saloirs pour conserver la viande, sept granges pour stocker le grain et quatre moulins à eau pour le moudre.

L'eau qui préside à la vie de la communauté alimente un bassin de pierre, dans le cloître du Thoronet

Au Thoronet – l'abbaye fut fondée en 1146 dans un vallon planté de pins, sur des terres cédées par le marquis de Provence, Raymond Béranger –, l'eau coule en maints endroits, des cuisines au lavoir. En 817, le concile d'Aix-en-Provence a fait obligation aux moines de laver eux-mêmes leur linge, avec une préparation à base de savon, d'eau chaude et de cendres. Mais c'est surtout le lavabo (ci-dessus), aménagé près du réfectoire dans une vasque de pierre, qui permet d'évoquer le rôle de l'hygiène et de l'eau dans la communauté. Plusieurs fois par jour – avant et après chaque repas, ou en préalable à l'office –, les moines se lavent les mains. Les bains de pieds, les soins du corps et des cheveux, l'entretien de la tonsure ou la coupe des ongles sont également réglementés ; des jours sont choisis pour raser la barbe et d'autres pour pratiquer la saignée, quatre fois dans l'année... Les frères déploient donc des trésors d'ingéniosité pour capter l'eau, selon les exigences du terrain. Cette maîtrise leur permettra également de faire tourner les moulins. Robuste et dépouillé, le cloître du Thoronet qui abrite cette fontaine est ainsi construit en pente douce, sur différents niveaux.

Derrière la clôture du Thoronet, l'ordre et la discipline règnent sous l'autorité absolue de l'abbé, un « vicaire du Christ »

« Vices Christi agit »... Selon la règle très minutieuse de saint Benoît, le supérieur d'une abbaye était à la fois « vicaire du Christ », pasteur de ses ouailles, médecin de leur âme et maître de la vie conventuelle. Ainsi de l'abbé Foulque de Marseille, désigné par ses moines pour prendre la tête du Thoronet en 1199. D'origine italienne, marié et père de quatre enfants, il avait mené une existence de marchand-poète, connu comme troubadour en Provence, avant de se convertir avec sa famille. Il a dirigé le Thoronet durant cinq ans, avant de devenir évêque de Toulouse. Selon la coutume, il avait sous ses ordres un prieur, son adjoint choisi « sur les conseils de frères craignant Dieu » de sorte qu'il ne puisse devenir un rival. Le cellérier, lui, était chargé de l'administration générale de l'abbaye, veillant au ravitaillement, à l'achat des terres, à l'entretien des granges et des viviers. Le camérier tenait le rôle de financier, responsable de la *camera* (la « chambre ») où l'on conservait l'argent, les archives et les reliques, alors que le sacristain s'occupait des vases sacrés et du trésor de l'église — une tâche bientôt élargie à l'entretien du bâtiment. Venaient ensuite l'aumônier, charitable envers les pauvres, les mendiants et les pèlerins, le maître des novices « apte à scruter les âmes », l'infirmier également attaché aux plantes médicinales du jardin, le portier, gardien des lieux, et les *circatores* qui, tels les pions d'un collège, assuraient la discipline. Selon la taille de l'abbaye, tous pouvaient être secondés par des laïcs, parfois rémunérés. Des convers participaient également aux constructions monastiques.

Sans l'intervention de Bernard de Clairvaux, les moines de Noirlac seraient morts de faim

Les débuts de l'abbaye de Noirlac furent difficiles. Initialement nommée la Maison-Dieu, elle fut installée en 1136 par Robert de Châtillon, neveu de Bernard de Clairvaux, sur des terres insalubres et inondables de la vallée du Cher. Les quelques moines chargés de les défricher manquaient de tout, mais saint Bernard veillait. Il alla quêter de l'aide auprès de Suger, le puissant abbé de Saint-Denis, afin que du grain fût distribué aux bâtisseurs affamés. Est-ce à cette ascèse originelle que l'église abbatiale doit sa pureté ? Elle s'élève en tout cas lentement, selon le plan en croix latine adopté par l'abbaye-mère de Clairvaux, au fil de trois campagnes de travaux : en 1150, de 1170 à 1190 et dans la première moitié du XIIIe siècle. Entièrement construite dans un calcaire blond arraché aux carrières voisines, l'église semble n'avoir d'autre visiteur que la lumière. Celle-ci joue sur sa façade austère, percée de trois fenêtres en lancette surmontées d'une rosace polylobée ; elle se décline en demi-teintes à l'intérieur de la nef à huit travées ; elle pianote dans le clair-obscur du cloître attenant. Noirlac connaîtra pourtant des heures sombres au XVe siècle, lorsque le relâchement des mœurs la conduira à enregistrer des cas d'apostasie. Aujourd'hui transformée en centre culturel, l'abbaye accueille des expositions temporaires ainsi qu'un festival d'été.

Longtemps chérie des rois et bien dotée, l'abbaye de Chaalis sera l'une des plus riches du royaume

En 1136, Louis VI puise dans le trésor de la Couronne pour que les cisterciens de Chaalis, installés dans un ancien prieuré bénédictin, à l'ombre de la forêt d'Ermenonville, disent des messes en mémoire d'un sien cousin assassiné, le duc de Flandre. L'abbaye, proche des rives de l'Aunette, acquiert ainsi une telle notoriété qu'elle entreprend, en 1202, d'ériger une abbatiale hors du commun (82 mètres de long pour 27 mètres de large), l'une des premières de l'ordre en gothique. Le très pieux Louis IX (saint Louis) s'intéresse à son tour à Chaalis, où il aime à séjourner, comme Charles V plus tard. Vers 1250, il y finance d'importants travaux : une résidence pour l'abbé, un second cloître et une nouvelle chapelle, également de style gothique. À cette époque, l'ordre s'éloigne de l'austérité initiale pour devenir une puissance temporelle. Chaalis possède ainsi une douzaine de granges et plusieurs « maisons ». De puissants protecteurs veillent sur elle. Mais au fil du temps et des évolutions, la vie monastique perd de son attrait. Au XVIIIe siècle, l'argent vient à manquer pour achever des travaux somptuaires entrepris en 1737. De l'abbatiale, exploitée comme carrière de pierres après la Révolution, il ne subsiste que des ruines mystérieuses dans un îlot de verdure.

Madame Jacquemart, veuve du banquier Édouard André, acquiert le domaine de Chaalis en 1902.
Elle y réunira une collection d'œuvres d'art, dont ce retable de saint Jean et de saint Laurent, peint par Giotto en 1320.

Cadeau somptueux de saint Louis, en hommage à son père, l'abbaye de Royaumont affiche ses origines royales

Faut-il imaginer le futur saint Louis, enfant sage, jouant ici auprès de sa mère Blanche de Castille, tandis que son père, Louis VIII, forçait le cerf sur les chasses d'Asnières-sur-Oise ? Dans son testament, ce dernier souhaitait que « le prix de ses bijoux fût employé à fonder un monastère [...] en révérence de Madame la Vierge ». Son héritier, Louis IX, lui rendit cet hommage, achetant la terre de Cuimont devenue *regali mons* (mont Royal), puis Royaumont en 1228. Les cisterciens édifièrent rapidement cette abbaye de cour. L'église gothique, construite par Pierre de Montreuil et consacrée en 1235, se veut presque cathédrale. Elle abrite le plus grand cloître bâti par l'ordre. Les bâtiments monastiques, peuplés de 140 moines et de convers, sont tout aussi spectaculaires... et à la pointe du progrès : dans les latrines est aménagé un canal qui emporte les excréments.

Fidèle à Royaumont, saint Louis y fait enterrer l'un de ses frères et trois de ses enfants. Il assure son rayonnement intellectuel en lui léguant un tiers de la bibliothèque royale. Le déclin commence avec la guerre de Cent Ans et le siège de Pontoise, place forte voisine, en 1437. Démolis en 1792 sur ordre du Comité de Salut public, l'abbatiale et son clocher s'effondrent d'un seul tenant. Tour à tour filature, blanchisserie et hôpital de fortune durant la Grande Guerre, Royaumont est aujourd'hui un centre culturel de renommée internationale.

Les granges céréalières (ci-contre à Saint-Ouen l'Aumône) permettaient aux cisterciens de stocker leurs récoltes et d'en faire commerce.

L'abbaye de Pontigny, aux allures de cathédrale, commandait jadis d'immenses domaines plantés de vigne, d'orge et de blé

Fondée en Bourgogne sur la rive gauche de la rivière Serein par un compagnon de saint Bernard, Hugues de Mâcon, en 1114, cette abbaye, qui est aujourd'hui l'une des mieux conservées de France, exerça en son

temps un large pouvoir temporel associé à ses richesses agricoles. Selon la règle cistercienne, les moines y organisèrent l'agriculture, gérant en autarcie des terres reçues en don ou achetées, couvrant parfois des centaines d'hectares. Pontigny possédait ainsi, au XIIIe siècle, une quinzaine de « granges » situées, comme le stipulait l'ordre, à « une journée de marche tout au plus » du monastère, soit dans un rayon de 40 kilomètres ! Les premiers cisterciens travaillaient le sol de leurs mains, mais ils y renoncèrent très vite pour se consacrer exclusivement au jardinage et à la moisson, tâches ritualisées qu'ils effectuaient en récitant des psaumes. C'est aux frères convers, surnommés « barbati » parce qu'ils portaient la barbe, que revint alors le soin de biner, de fumer, de semer... Pontigny cultive le blé, l'orge et le seigle dans des champs labourés en raies de 200 mètres de long sur 5 de large. Mais surtout, l'abbaye développe la vigne. Les moines, autorisés à boire un demi-setier de vin par jour (la ration de l'homme sobre !), y consacrent une attention particulière et bénissent le moût. Ainsi se bonifieront, à l'ombre des cloîtres implantés sur les côtes de Bourgogne, des crus désormais fameux dont le Clos Vougeot et les vins gouleyants de Chablis, autour de Pontigny. Ce succès économique trouve son écho dans l'architecture, avec la construction, entre 1135 et 1150, d'une abbatiale magistrale dans ses proportions : 108 mètres de long pour 20 mètres de hauteur. Un second chantier (1185-1205) introduit un déambulatoire et des chapelles rayonnantes. L'église acquiert ainsi des allures de cathédrale, vaisseau de pierre naviguant sur la houle des blés.

Une source miraculeuse fonde la légende d'une des rares abbayes de femmes, Notre-Dame de la Fontaine-Guérard

Une « fontaine qui guérit » incita des bénédictines à établir un prieuré sur les bords de l'Andelle, à 25 kilomètres de Rouen. Des moniales rattachées à Cîteaux prirent ensuite le relais, en 1207. Le monastère de la Fontaine-Guérard est reconnu abbaye de femmes en 1253, après la consécration de l'église Notre-Dame, de pur style cistercien avec son vaisseau unique propre aux communautés féminines et son chevet plat éclairé par trois fenêtres. Les cloîtrées ne jouissent pas, au Moyen Âge, d'un statut social équivalent à celui des hommes. Leur condition de recluses les rend suspectes ; il leur est également difficile d'assurer leur indépendance, car elles ne sauraient travailler la terre ; enfin, les donateurs n'ont pas le geste aussi large qu'envers leurs homologues masculins... Il faudra la repentance de Guillaume de Léon, meurtrier de son épouse Marie de Ferrières, assassinée dans l'abbaye où elle s'était retirée, pour que Fontaine-Guérard prenne un nouvel essor, en 1399, marqué par la construction de la chapelle Saint-Michel.
Des bâtiments monastiques, en grande partie détruits, il subsiste la salle de travail des moniales et le parloir voûté en plein cintre. Le dortoir, où l'abbesse disposait d'une chambre isolée, se trouvait à l'étage. L'église, amputée de sa façade ouest, commandait trois portes. L'une d'elles ouvrait sur le cimetière, seule échappée belle pour ces filles de la noblesse souvent recluses contre leur gré.

Aujourd'hui comme hier, les moniales de la Coudre partagent en silence un repas dont elles remercient Dieu

Si les religieuses cisterciennes ne se sont installées qu'en 1859 dans l'abbaye de la Coudre, au cœur d'un parc planté de noisetiers sauvages (ou coudriers) à la périphérie de Laval, elles y perpétuent les traditions séculaires qui font la force de l'ordre depuis sa fondation. Ainsi des repas, pris en commun au réfectoire. Le silence y est de mise, seulement rompu par des lectures édifiantes. Au Moyen Âge, déjà, étiquette et savoir-vivre présidaient aux « manières de table ». Moines ou moniales attendaient debout l'arrivée de l'abbé ou de l'abbesse chargé(e) de la prière. Puis une phrase rituelle, « De Verbo Dei », ouvrait le repas. Selon les coutumiers de l'époque, les religieux devaient manger *religiose et honeste*, sans jeter un regard de concupiscence sur l'assiette du voisin, en maniant la cuillère avec la plus grande discrétion, en évitant de boire la bouche pleine ou de casser les noix avec les dents... Il était également d'usage de recueillir les miettes de pain. Celles-ci étaient parfois utilisées à la confection d'un pudding. Les repas suivaient respectueusement le calendrier des abstinences et des fêtes : le carême de quarante jours avant Pâques et les quatre semaines de l'Avent annonçant Noël. Le jeûne consistait à prendre un repas quotidien au lieu de deux, sous la forme d'une légère « collation », parfois composée d'un quignon de pain et d'un verre de vin. Les jours « maigres » appelaient les jours « gras », avec volaille et dessert... Ce n'est pas un hasard si les moniales sont devenues très tôt expertes en l'art de confectionner des friandises : gaufres, entremets, confitures et autres pets-de-nonne.

Comme celles de nombreuses abbayes, les cuisines de Flaran ont contribué à la naissance de la gastronomie

Les menus monastiques ont évolué au fil du temps et selon les régions, mais la taille des cuisines de Flaran, abbaye établie en 1151 à proximité de la Blaise, dans le Gers, montre assez l'importance de la question pour les moines du cru. Bien que saint Benoît prêche la frugalité, la monotonie des jours oblige les frères à faire preuve d'imagination pour accommoder les produits de la nature. Les fèves, par exemple, font l'objet de soins attentifs : elles sont lavées trois fois et cuites à gros bouillons avant d'être assaisonnées au lard et servies, salées, avec d'autres légumes. Les œufs sont consommés frits, pochés ou à la coque. La rigueur cistercienne tâche d'exclure toute graisse, beurre ou saindoux, mais sans y parvenir totalement. Il en va de même pour la viande, en principe interdite sauf pour les malades soignés au bouillon. Quant aux poissons, carpes et brochets, ils peuplent bientôt les étangs et les viviers aménagés par les communautés. Mais ce sont surtout les fromages qui excitent la fantaisie des moines. Pâtes cuites et petits caillés ont permis d'élaborer des recettes encore vivement appréciées de nos jours.

Saint Guérin, évêque de Sion, enterré à Notre-Dame d'Aulps, y était vénéré comme protecteur du bétail

Les fondateurs de l'abbaye d'Aulps, « deux bons prudhommes moynes » selon une chronique savoyarde, effectuèrent un long voyage avant de trouver une étroite vallée des alpages, la « combe de la Corne chaude », à 810 mètres d'altitude, dans le Haut Chablais. Ils s'installèrent au bord d'un torrent. De leur ermitage est née l'abbaye Notre-Dame d'Aulps (Alpes), unie à Cîteaux en 1134 par la volonté de l'abbé Guérin de Pont-à-Mousson. Nommé évêque de la ville de Sion, le prélat visite régulièrement l'abbaye, où il meurt en 1138. Très vite, son corps devient objet de dévotion ; l'abbé Guérin est invoqué comme saint protecteur du bétail, preuve de l'importance de l'élevage dans cette région montagneuse, froide et difficile d'accès en hiver.
C'est aussi l'un des points forts de l'ordre, avec l'agriculture, comme en témoigne l'étonnante expédition de ces moines convers partis de Clairvaux en 1153 pour acheter une dizaine de bêtes, vaches et bœufs, qu'ils ramèneront à travers les Alpes et qui formeront, un siècle plus tard, un troupeau de 900 têtes ! Notre-Dame d'Aulps ne faisait pas exception et entretenait un cheptel sans doute important – mais moins pour la viande (interdite à la consommation) que pour le lait, le poil, le cuir et le fumier... Prospère, l'abbaye savoyarde agrandit ses propriétés jusqu'en Genevois et même au-delà. La construction de l'abbatiale commence en 1160. Les reliques de saint Guérin y seront conservées dans un tombeau de marbre.

Construite sur un terrain envahi par les eaux, Fontenay renoue avec la ferveur du passé

Initiée par saint Bernard en personne en 1119, Fontenay dresse l'éclat de la pierre de Bourgogne sur un terrain envahi par les eaux, les « fontaines » qui ont donné leur nom à l'abbaye. Ici, rien ne distrait le regard de la contemplation, tant les édifices semblent « lissés », dans le plus pur style cistercien. Sauvée de la destruction par un papetier qui l'acheta en 1793, l'abbaye de Fontenay fut rendue à la vie religieuse à l'occasion du 900e anniversaire de l'ordre de Cîteaux, en 1998. Jadis, elle bruissait tout le jour durant de la prière des moines blancs. Au Moyen Âge, les prières commençaient à 2 ou 3 heures du matin, selon la saison, avec les vigiles. Venaient ensuite les « grandes heures », avec les laudes de l'aurore et les vêpres de fin d'après-midi. Les « petites heures », elles, sonnaient à prime au lever du soleil, à tierce vers 15 heures, à sexte vers 18 heures, à none vers 21 heures, avant les complies de la nuit. Sans oublier la grand-messe conventuelle. Le rythme était si soutenu que saint Bernard dut parfois exhorter à la vigilance des frères surpris à « se laisser terrasser par le sommeil » ! Il s'est à peine assoupli depuis.

L'abbaye de Fontenay, propriété privée, accueille exceptionnellement des processions religieuses, comme en 1998, pour célébrer le 900e anniversaire de la fondation de l'ordre cistercien (ci-dessus). Les moines blancs ont alors renoué avec la tradition et se sont réunis dans la solitude pour célébrer la gloire de Dieu (ci-contre, près de l'étang Saint-Bernard à Fontenay).

Bâtir pour plaire à Dieu

Dieu est lumière... Pour lui rendre hommage, les abbayes investissent dans la pierre. Dès le VIIIe siècle, les maîtres d'œuvre n'ont de cesse qu'ils n'aient soumis la matière à leurs ambitions. Toujours plus haut, plus grand, plus lumineux : du roman au gothique, ils défient la pesanteur. Qu'importe si les cisterciens répondent à l'exubérance de Cluny par un austère dépouillement. Le Moyen Âge bâtit pour gagner le Ciel et les voies du Salut sont impénétrables. Seule la beauté subsiste.

De la première abbaye de Ligugé – le plus ancien monastère de la Gaule, fondé selon la tradition vers 360 par saint Martin – l'archéologie n'a exhumé que peu de traces : un oratoire et deux *martyria*, des cryptes supposées abriter les reliques d'un martyr. Les siècles suivants, troublés par les grandes invasions, ne sont guère plus loquaces. La civilisation gallo-romaine, héritage de l'Antiquité, se perd dans la tourmente. Temples et sanctuaires sont pour la plupart pillés et incendiés par les barbares, adeptes du feu et de l'épée qu'ils fichent en terre pour se concilier le dieu de la Guerre.

Le renouveau commence au VIIIe siècle, une fois la paix revenue. L'essor est alors fulgurant : quatre cent dix-sept fondations entre 768 et 855. Mais l'architecture carolingienne semble chercher sa voie. Les bâtiments religieux, souvent édifiés sur les ruines de constructions préexistantes, se structurent autour d'un cloître triangulaire, à l'image de la Trinité. À chaque angle, son église : l'abbatiale au nord, l'église de la Vierge et des apôtres au sud, celle de saint Benoît à l'est. Ces édifices possèdent une abside à chaque extrémité, celle de l'ouest étant réservée aux cérémonies pascales.

Saint-Gall, cité monastique idéale

Le modèle monastique idéal s'imposera au début du IXe siècle, selon le plan de l'abbaye de Saint-Gall (Suisse), qui fera école dans tout le monde chrétien. Synthèse des idées religieuses de l'époque, selon le concile d'Aix-la-Chapelle (816-817) qui a imposé la règle bénédictine, ce plan a été élaboré en 820 par l'évêque de Bâle Heito pour la reconstruction d'une abbaye située près du lac de Constance et dédiée à Gall, un ermite irlandais, disciple de saint Colomban. Tous les détails de la vie spirituelle et matérielle des moines ont été réfléchis et rationalisés, ainsi que les dimensions des bâtiments conventuels, et jusqu'à la taille des lits ! L'église (103 mètres de long dans l'axe est-ouest, chevet au soleil levant) et le cloître (adossé à la nef) sont au centre du dispositif. Le cloître, désormais carré, abrite un jardin planté de légumes ou d'herbes médicinales, et commande l'accès aux édifices claustraux : le sanctuaire et la sacristie pour le culte, la salle du chapitre où se réunissent les frères, le réfectoire, la cuisine et le *scriptorium* précédé d'un chauffoir. Le dortoir se trouve à l'étage. D'autres bâtisses « économiques » se dressent à proximité : l'infirmerie, l'hospice pour les pauvres, l'hostellerie pour les visiteurs, l'école parfois, une boulangerie, des celliers, voire des granges ou une forge… Le cimetière enfin, faisant également office de verger, se trouve au nord de l'abbatiale ; il est accessible par la porte des morts. L'ensemble des bâtiments respecte la hiérarchie monastique : les uns sont réservés aux moines dits « de chœur » qui ont prononcé les vœux solennels de pauvreté, chasteté et obéissance, les autres sont attribués aux frères convers. Dans l'église, le chœur des moines est ainsi séparé du celui des convers par les bancs des infirmes.

Les maîtres d'œuvre au travail

L'architecture romane s'épanouit sur ces bases au tournant de l'an mil. Elle puise les moyens nécessaires à l'édification des bâtiments dans les revenus fonciers des monastères bénédictins. Les rois capétiens et les seigneurs, trop heureux de légitimer leur pouvoir « par la grâce de Dieu », contribuent également à son développement. Très vite, les maîtres d'œuvre mettent leur imagination au service de l'église, premier bâtiment à sortir de terre dans la cité monastique. Il s'agit à la fois de systématiser les voûtes de pierre à l'intérieur de l'édifice et de structurer l'espace par des pilastres ou des colonnes engagées. Techniques et variantes régionales se diffusent à partir de quelques centres renommés.

Page précédente :
Le cloître du Mont-Saint-Michel.

Sous l'abbatiat de Suger, l'abbaye de Saint-Denis prend son envol gothique et favorise l'essor de l'art du vitrail.

Rares sont les « architectes » médiévaux à signer leurs ouvrages ; on connaît cependant le nom d'Adam, abbé et maître d'œuvre de l'abbaye Saint-Benoît-sur-Loire.

L'église romane trouve son équilibre au cours du XIe siècle. Elle se compose d'un porche, d'une nef, d'un transept, d'un chevet plat ou en abside et, plus tard, d'un déambulatoire ; s'y ajoutent, selon les cas, une tour-porche ou des absidioles. Elle est couverte d'une voûte en berceau reposant sur des murs porteurs, percés d'étroites fenêtres, et des arcs-doubleaux. Avec une préoccupation à la clé : réussir enfin à concilier des voûtes de grande ampleur avec un éclairage direct, digne du Créateur puisque Dieu est lumière…

L'apogée de Cluny III

Ce sera chose faite au début du XIIe siècle, lors de la construction, sous l'abbatiat d'Hugues de Semur, de la troisième église de Cluny (1088-1130), baptisée Cluny III. Ce bâtiment mythique est d'une ampleur exceptionnelle : 187 mètres de long, deux transepts disposés à la façon d'une croix de Lorraine, une nef immense divisée en cinq vaisseaux, quatre clochers majeurs et deux tours de façade… La nef principale, sur trois niveaux, culmine à 30 mètres par la vertu d'une innovation majeure : la voûte brisée dont les deux segments s'affrontent à la clé. À la même époque, vers 1110, la croisée d'ogives fait son apparition à Durham, en Angleterre, annonçant l'art gothique.

L'abbaye de Cluny III, vision de la « Jérusalem céleste », marque l'apogée du monastère qui gouverne 1 200 dépendances (des « prieurés ») et réunit environ 10 000 moines. Rien n'est trop beau, ni dans l'architecture ni dans la liturgie, pour glorifier le Seigneur. Les fastes religieux cultivent à grands frais un parfum d'Orient. Courtines et tentures tapissent le sanctuaire, l'encens y brûle en lourdes volutes

Dans son extrême dépouillement, le cloître de l'abbaye de Sénanque illustre l'austérité monastique voulue par l'ordre de Cîteaux.

se mêlant à la fumée des cierges… Et le rituel, à son tour, devient obsédant : l'office quotidien dure plus de six heures, on chante certains jours jusqu'à deux cent quinze psaumes… Hugues de Semur justifie ainsi ces richesses : « Mieux vaut dépenser l'or et l'argent que de les garder intacts et tout rutilants. » En faisant étinceler la majesté de Dieu, l'art clunisien veut édifier les âmes.

Suger, pionnier de l'art gothique

L'abbé Suger, bénédictin à la tête de l'abbaye de Saint-Denis et conseiller des rois, l'entend ainsi lui aussi : « Ce qu'il y a de plus précieux doit servir d'abord à la célébration de la Sainte Eucharistie », proclame cet esthète épris de lumière. Il voue son abbatiale, dont il dirige les travaux entre 1129 et 1144, à la clarté et se pose en pionnier de l'architecture gothique. Suger veille en personne aux élans de la pierre qui s'envole vers les cieux ; il s'investit dans le façonnage des vitraux qui irisent de mille feux baies et fenêtres nouvellement ouvertes, inondant de clarté le chœur et le déambulatoire, et se fait même représenter dans l'une des verrières. Sous son abbatiat enfin, la sculpture gagne ses lettres de noblesse et s'inscrit en force au tympan du portail ou sur les chapiteaux du cloître. Quant au trésor de l'abbaye, il constitue sa grande fierté, avec un christ en or incrusté de pierres précieuses et divers objets d'orfèvrerie. Et Suger de justifier à son tour ces dépenses somptuaires : « Les vases d'or […] et tout ce qu'il y a de rare doivent être réservés à la réception du sang de Dieu. »
Pourtant, un homme, et même un homme de Dieu – saint Bernard, encore lui –, ne ménage pas ses critiques. Contemporain de ces magnificences, il s'insurge : « La profusion ornementale offense Dieu car elle repose sur une richesse prise aux pauvres », assène l'abbé de Clairvaux, maître à penser

Les monstres de pierre des chapiteaux de Saint-Michel-de-Cuxa témoignent d'une lointaine influence de l'Orient.

des cisterciens. Dans *L'Apologie à Guillaume de Saint-Thierry*, il dénonce notamment la décoration des cloîtres, « ces beautés d'une étonnante monstruosité ou ces monstres d'une étonnante beauté ».

Les cisterciens rêvent d'absolu

L'architecture cistercienne prend le contre-pied de l'architecture clunisienne. Tout divertissement doit être banni de l'abbaye. Loin du profane, les bâtiments monastiques ne parlent qu'aux moines et ne peuvent les détourner de leur contemplation. La beauté de l'art cistercien doit son rayonnement au dépouillement, à la puissance initiatique de la pierre nue, à la lumière blanche des vitres dépolies et à la symbolique des nombres. Ainsi des trois fenêtres du chevet, qui évoquent aussi bien la Trinité créatrice (le Père, le Fils, le Saint-Esprit) que la Trinité salvatrice (la Foi, l'Espérance et la Charité). Seule la rose, motif récurrent stylisé à l'extrême, se faufile dans les monastères de l'ordre placés sous le patronage de Marie. Forgé d'interdits mais respectant le plan de Saint-Gall, l'art cistercien contribue à la naissance de quelques-unes des plus belles abbayes de France, dont les célèbres trois sœurs provençales : Sénanque, le Thoronet et Silvacane.
Au XXe siècle, l'écrivain et architecte Fernand Pouillon a retracé de façon magistrale la construction du Thoronet dans un roman, *Les Pierres sauvages*, qui montre les moines retroussant leurs manches pour tailler, polir et ajuster le calcaire dans son absolu dénuement. C'était l'âge héroïque. Il s'estompera, rattrapé par le siècle. Les cisterciens, à leur tour, céderont au vertige de la voûte d'ogives, à la séduction des oiseaux de pierre picorant aux chapiteaux du cloître, aux tendances « cathédralisantes » qui annoncent, avec l'essor des villes, la fin de la grande époque monastique.

À Saint-Guilhem-le-Désert, l'orientation de l'abbatiale vers le soleil levant est hautement symbolique

Lorsque le sire Guilhem, compagnon d'armes de Charlemagne et petit-fils de Charles Martel qui battit les Arabes à Poitiers, entre en religion et fonde l'abbaye de Gellone, en 804, sur les contreforts des Cévennes, il adopte la symbolique de son temps. Dans la tradition bénédictine, comme ensuite dans l'architecture cistercienne, l'église parle à des initiés. Celle de Gellone, reconstruite au XIe siècle par l'abbé Pierre Ier en pur style roman languedocien, est donc orientée vers l'est, abside face au soleil levant, afin que la lumière de Dieu pénètre dans l'édifice dès l'aurore. Le plan de l'abbatiale, qui se diffuse de construction en construction à travers tout le monde chrétien, abonde aussi en métaphores. Il adopte la forme d'une croix latine et dessine dans la pierre le corps du Christ : la tête vient au chevet (ou abside quand il forme un hémicycle) ; le torse et les jambes s'inscrivent dans le prolongement de la nef ; les bras s'étirent de chaque côté du transept ; le cœur enfin est représenté par l'autel, où est fichée une croix de bois. La notoriété de l'abbaye de Gellone grandit avec la gloire de son fondateur, sanctifié et célébré par les troubadours dans la *Geste de Guilhem d'Orange,* composée entre le XIe et le XIIIe siècle. Le sarcophage du saint (détruit en 1568 par les protestants) et un fragment de la Vraie Croix qui y sont conservés en font un véritable lieu de pèlerinage sur la route de Saint-Jacques-de-Compostelle.

Affiliée à l'ordre de Cluny, l'abbaye de Moissac confie à la pierre le soin de célébrer la gloire de Dieu

La légende veut que Clovis, roi des Francs, ait fondé l'abbaye de Moissac. Elle doit plutôt son édification, au VIIe siècle, à l'évêque de Cahors, Didier. Victime des invasions arabes et normandes, le monastère s'affilie à l'ordre de Cluny, en 1047, favorisant son renouveau. Sa fortune l'incite à s'agrandir rapidement et les sculpteurs font merveille. Le cloître roman, de grande taille avec ses quatre galeries longues de 40 mètres, est achevé en 1100, « au temps d'Ansquitil, seigneur-abbé. Amen », comme le précise une inscription en latin gravée sur un pilier. Il compte soixante-seize chapiteaux reposant sur une ou deux de ses cent seize colonnes. La plupart d'entre eux (quarante-six) sont historiés, évoquant des scènes bibliques ou inspirées du Nouveau Testament et de la vie des apôtres, sans respect de la chronologie. On y voit Abel et Caïn, le premier offrant un agneau à Dieu, le second, assassin de son frère, se tournant vers le Diable ; on y découvre le bon Samaritain réconfortant un malheureux assailli par des brigands ; on y assiste au baptême de Jésus dans le Jourdain, tandis que la colombe du Saint-Esprit descend sur lui... D'autres chapiteaux sont simplement ornés d'animaux ou de feuilles d'acanthe d'inspiration gréco-romaine. Ce cloître magnifique a failli disparaître au XIXe siècle pour faire place à une voie de chemin de fer ; par bonheur, seul le réfectoire a été sacrifié au progrès.

L'abbatiale de Moissac est l'une des premières à arborer un tympan sculpté sous l'archivolte de son portail

L'abbatiale Saint-Pierre de Moissac est l'une des premières églises romanes à utiliser la sculpture monumentale en façade. Le travail de la pierre, longtemps réservé aux sarcophages, a connu une longue éclipse pendant les grandes invasions. Au XIe siècle, il acquiert une double fonction décorative et édifiante, et atteint son apogée au siècle suivant. Le portail de Moissac, sous un porche fortifié, est donc particulièrement ouvragé pour son temps. Le tympan illustre l'Apocalypse selon saint Jean. Le Christ en majesté y apparaît, flanqué de deux anges. Les quatre Évangélistes, la tête auréolée, trônent également dans la partie supérieure. De nombreux vieillards s'alignent en dessous, menton dressé et portant divers instruments de musique. Le linteau est orné de huit roses pour évoquer la résurrection des morts, au huitième jour. Les parois du porche, elles aussi travaillées, condamnent explicitement l'avarice et la luxure. L'âme du riche trop avare brûlera en Enfer, avec celle d'une femme de mauvaise vie que des serpents menacent… Ces scènes parlent d'or : mieux vaut gagner son paradis ici-bas ! Nul doute que les croyants du Moyen Âge savaient en tirer la leçon.

Avec son solide clocher crénelé, Saint-Michel-de-Cuxa s'affirme comme un joyau de l'art roman catalan

Du monastère primitif, baptisé les « Eaux saintes » par les moines d'Eixalada qui s'installèrent en 840 dans le Haut-Conflent, il ne reste rien : à peine achevés, les bâtiments furent emportés, et quinze frères avec eux, par une crue de la Têt, à l'automne 878. Les rescapés déménagèrent vers un site plus riant, en amont, dans la vallée dominée par le massif du Canigou. Les aménagements apportés à Cuxa imposèrent bientôt l'abbaye comme l'une des plus importantes du Roussillon, en terre catalane. Le monastère, de style préroman mâtiné d'influences régionales, évoque, de l'extérieur, une grosse ferme fortifiée sous des toits de tuile. L'église, achevée en 953, consacre les prémices de l'art roman, avec sa nef unique, sombre et massive. De lourds piliers y soutiennent des arcs outrepassés et aménagent d'étroites arcades. Le sanctuaire, rebaptisé Saint-Michel, s'agrandit de belle manière au XIe siècle sous les ordres de l'abbé Oliba. La nef et les bas-côtés sont rehaussés, les murs percés de longues fenêtres. Mais ce sont deux clochers identiques (l'un d'eux s'est effondré au XIXe siècle), situés à l'extrémité des croisillons du transept, qui marquent l'œuvre d'Oliba. S'y ajoutera au XIIe siècle un cloître en marbre rose des carrières de Villefranche, veiné et presque transparent. Il n'en subsiste que deux ailes ; le reste, cédé aux Américains entre les deux guerres mondiales, est aujourd'hui au musée des Cloisters, à New York.

Dans sa grande sobriété, le cloître de Sénanque illustre la conception cistercienne de l'architecture

De proportions modestes, l'abbaye de Sénanque répond aux critères esthétiques de l'ordre de Cîteaux, avec leur cortège d'interdits codifiés par le Chapitre général aux XIIe et XIIIe siècles. Le cloître carré, voûté en plein cintre, occupe le cœur des bâtiments monastiques. Il les dessert par une série de galeries ouvrant sur l'église romane coiffée de lauzes, sur la salle du chapitre où la communauté se réunit chaque matin, sur la salle des moines avec son chauffoir et sur le réfectoire précédé du préau et du lavabo. Une volée d'escaliers conduit au dortoir.

Le cloître, du latin *claustrum*, « clôture » ou « barrière », trouve son origine dans l'Antiquité et dérive de l'atrium qui marquait le centre des villas romaines. Lieu de passage, il constitue aussi et avant tout un lieu de méditation. Les moines blancs s'y promènent d'ordinaire en silence. Ils s'y adonnent à la *lectio divina* et méditent sur les manuscrits à leur disposition, rangés dans un renfoncement du mur, l'*armarium*, à l'entrée de l'abbatiale. Rien dans le décor ne doit les détourner de leur méditation entièrement dévolue à Dieu. Les chapiteaux des colonnes sont donc décorés de simples motifs végétaux : la beauté du lieu réside dans son dépouillement sous l'éclat du soleil. « La lumière doit chanter dans les pierres comme un psaume », exigeait saint Bernard. Les bâtisseurs de Sénanque l'ont à merveille entendu.

Par refus du luxe et de la profusion décorative, les moines bâtisseurs cisterciens n'hésitèrent pas à cuire la glaise pour couvrir et paver l'église provençale de Silvacane

Dernière née des trois sœurs provençales après Sénanque et Le Thoronet, l'abbaye cistercienne de Silvacane, construite en son état actuel à partir de 1175, n'en respecte pas moins les principes en vigueur. L'église romane chapeautée d'un clocher carré, élevée entre 1175 et 1230, se défie de la grandiloquence et ne mesure que 40 mètres sur 20. Le cloître, tardif (seconde moitié du XIIe siècle), est construit en contrebas pour épouser la déclivité du terrain. On y trouve – premier signe du relâchement de la règle de Cîteaux – des chapiteaux représentant une chouette ou un oiseau picorant un fruit, mais le choix des matériaux – la pierre et la terre cuite, seules ressources locales – atteste la volonté d'humilité des cisterciens. Certaines abbayes, comme Chaalis, possédaient leurs propres glaisières et tuileries ; d'autres faisaient sans doute appel à des artisans du cru. En tout cas, des milliers de tuiles étaient façonnées et passées au four pour couvrir les édifices monastiques. Le pavement, initialement composé d'épais carreaux en terre cuite, sera plus tard vernissé.

Préservée par miracle, Fontenay est riche en enseignements sur la vie quotidienne des moines blancs

Troisième fondation de saint Bernard, construite entre 1139 et 1147, l'abbaye de Fontenay est l'un des rares ensembles monastiques conservés dans leur quasi-intégralité : un industriel, propriétaire des murs après la Révolution, la reconvertit en usine à papier, sauvant ainsi les bâtiments. Aujourd'hui entourée de jardins à la française, Fontenay développe le plan idéal de l'abbaye de Saint-Gall, un modèle architectural qui s'imposa durant tout le Moyen Âge. La vie de la communauté s'organisait autour du cloître carré. Il n'ouvrait que sur le ciel et sa galerie nord jouxtait la nef de l'église. La sacristie et la salle capitulaire s'inscrivaient dans le prolongement du transept, ainsi que le *scriptorium* des moines copistes. La galerie est desservait le chauffoir, seule pièce chauffée en hiver. Le réfectoire et la cuisine se situaient dans le prolongement. Plusieurs bâtiments fonctionnels s'élevaient à proximité : la boulangerie et le cellier, un colombier et un vivier, un moulin, une forge… L'abbaye accueillait des hôtes de passage, seigneurs ou manants. Après avoir franchi la conciergerie, ils bénéficiaient d'un lit dans l'hostellerie et pouvaient suivre la messe dans une chapelle qui leur était réservée. Les malades étaient soignés à l'infirmerie, construite à l'écart par souci d'hygiène. Les moines cultivaient des légumes et des « simples » dont les vertus médicinales étaient alors bien connues.

Détruite par un incendie, l'abbaye du Mont-Saint-Michel renaît de ses cendres dans la splendeur du gothique

C'est après le terrible incendie qui ravagea en 1204 l'abbaye montoise et son village, que la « Merveille » fut érigée telle que nous la connaissons aujourd'hui. La nouvelle construction fut engagée par l'abbé Robert des Îles (1212-1229), qui établit le bâtiment sur trois niveaux, réalisant une prouesse architecturale couronnée par le célèbre cloître aux colonnettes en quinconce. L'ensemble bénéficie des allégements de structure permis par la croisée d'ogives, propre à l'art gothique. Vue de l'extérieur, l'abbaye se hérisse de contreforts qui l'assoient sur les pentes escarpées du Mont. À l'intérieur, les étages se superposent grâce à de savants calculs permettant d'évaluer et de contenir la poussée des voûtes. La salle des Chevaliers (à droite), située au niveau intermédiaire, repose ainsi sur les larges piliers du cellier. Ses propres colonnes, plus élancées, soutiennent à leur tour les galeries du cloître. Élégante avec sa large cheminée et ses chapiteaux ornés de végétaux supportant trois nefs voûtées d'ogives, la salle des Chevaliers servait de *scriptorium* et de chauffoir. Mais selon la tradition, l'ordre des Chevaliers de Saint-Michel avait eu l'habitude de s'y tenir. Un passage latéral, dans l'épaisseur du mur, permet de communiquer avec le promenoir, l'église et les souterrains de l'abbaye. Paradoxalement, la crypte des Gros Piliers (ci-dessus), plus lourde d'apparence, a été construite tardivement, au XVe siècle, après l'effondrement partiel de l'abbatiale. Cette crypte sert d'assise au chœur et aux chapelles rayonnantes de l'église haute. Monumentale, elle n'en dégage pas moins une certaine harmonie entre ombres et lumières.

Page de gauche :

La crypte des Gros Piliers fut reconstruite vers 1446, sur les vestiges d'une crypte romane effondrée. Les désordres de la guerre de Cent Ans retardèrent les travaux.

Ci-contre :

L'ensemble de la « Merveille », dont fait partie la salle des Chevaliers, qui marque l'apogée architectural de l'abbaye, au XIIIe siècle. Son financement aurait été assuré par une importante donation du roi Philippe Auguste.

À l'abbaye de Saint-Denis, l'art des maîtres verriers du Moyen Âge a trouvé l'une de ses plus belles formes d'expression.

En page de droite, les signes du zodiaque éclairent l'ancienne abbaye devenue cathédrale.

Sous l'abbatiat de Suger, l'abbaye gothique de Saint-Denis glorifie la lumière et l'art du vitrail.

L'abbé Suger, à la tête de l'abbaye de Saint-Denis dont il dirige la reconstruction entre 1129 et 1144, en fait le berceau de l'art gothique. Et puisque « Dieu est lumière », celle du jour coule en abondance dans la future basilique, trois étages de pierre éclairés par d'immenses baies vitrées. Fasciné par le mystère de cette lumière sacrée, Suger veille personnellement à la disposition des vitraux de Saint-Denis, qui renvoient la couleur à la manière des pierres précieuses. La technique des maîtres verriers, déjà en pleine évolution au XIIe siècle, vient à son secours. Les méthodes de coloration se perfectionnent. Les teintes basiques obtenues par injection d'oxydes métalliques dans la pâte en fusion – le cuivre pour le rouge ou le vert, le cobalt pour le bleu, l'antimoine pour le jaune – s'irisent de nuances inédites par saturation des couleurs. Ainsi, du bleu vers le violet. La taille des feuilles de verre soufflé et la mise en plomb s'allègent ; la forme des verrières se diversifie, élargissant la gamme des compositions. Bref, le vitrail devient un art majeur, à la fois mystique et pédagogique. Il raconte la vie des saints aux fenêtres basses et installe prophètes et apôtres dans les hauteurs, sous les arcatures. Saint Bernard de Clairvaux, contemporain de Suger, s'indigne de ces débauches lumineuses. À l'éclat des vitraux polychromes, il substitue la tonalité plus sobre du verre incolore.

Loin de la rigueur cistercienne, l'élégant cloître de Noirlac cède aux tendances gothiques de l'époque

Initialement centré sur un puits, le cloître de l'abbaye de Noirlac s'agrandit au XIIIe siècle, pour devenir l'un des plus beaux exemples de la légèreté gothique selon les cisterciens. Les galeries nord et ouest, longeant respectivement l'église et le bâtiment des convers, comportent cinq travées à voûte sexpartite, plus une d'angle. La claire-voie est flanquée d'arcades géminées surmontées d'un œil-de-bœuf ou oculus gothique. La galerie est, plus tardive et déjà flamboyante, présente des tympans évidés de roses. Cette galerie ouvre sur la grande salle capitulaire de l'abbaye, spectaculaire avec ses voûtes sur croisées d'ogives et ses chapiteaux rehaussés de feuilles d'eau. Fermée aux convers, cette pièce était réservée aux moines, une cinquantaine à l'époque, qui avaient « voix au chapitre ». Ils s'y réunissaient pour lire ou débattre des affaires de la communauté, avant que les abbés en charge des différents monastères ne se rendent à Cîteaux, à la fin de l'été, pour assister au Chapitre général de l'ordre. La réunion matinale achevée, les frères déambulaient dans le cloître, en rang par deux, longeant les murs, les mains croisées dissimulées dans les manches de la coule et le capuchon rabattu sur les yeux. Cette enceinte, « prison aux portes ouvertes » selon saint Bernard, offrait une « fenêtre » sur le jardin central, un havre de fraîcheur, verdoyant et fleuri, propice à la méditation.

Construite sous le patronage impatient de saint Louis, l'abbaye de Royaumont déploie des proportions à la hauteur des ambitions de son royal commanditaire

Le statut d'abbaye de cour, même pour une fille de Cîteaux, oblige à des concessions : Royaumont, rapidement forte d'une centaine de moines et de quarante convers, s'impose comme l'une des plus grandes de l'ordre. Louis IX, qui préside à sa naissance en 1228, ne regarde pas à la dépense et la gratifie de ses faveurs, la dotant largement en terres et en argent. Le plan de son église est digne d'une cathédrale, avec une nef de neuf travées et deux chapelles latérales dans chaque bras du transept. Le cloître est à l'unisson, presque disproportionné par rapport à la communauté monastique retirée dans ses murs. Chacune des quatre galeries comporte neuf travées voûtées d'ogives, plus une d'angle. La claire-voie se déploie en arcades brisées, reposant sur des piliers flanqués de fines colonnettes (ci-dessus)... De cette splendeur passée, la Révolution ne tiendra aucun compte. L'abbaye de Royaumont, vendue comme bien national, verra son église décapitée en 1792, réduite à quelques piles, et ses derniers moines dispersés. Le cloître, transformé en manufacture de coton, sera partiellement restauré, ressuscitant un rêve de pierres démesuré.

L'abbaye de Saint-Wandrille doit aux vicissitudes de l'histoire l'hétérogénéité de son architecture

Fondée en 649 par l'ermite Wandrille, qui évangélisa le pays de Caux, l'abbaye, installée sur les bords de la Fontenelle, un affluent de la Seine, abrite sept églises dédiées à Notre Dame et aux saints Pierre, Paul et Pancrace. Le monastère se développa jusqu'à ce que les exactions des Vikings aient raison de sa fortune. Les bâtiments furent incendiés en 858 et les moines contraints à fuir jusqu'en Flandre. En 1006, le duc de Normandie Richard Ier restaure l'abbaye. L'abbé Gérard reconstruit en style roman le réfectoire, le dortoir et l'église Saint-Pierre, qui fut à nouveau incendiée en 1247. Les travaux reprennent en style gothique jusqu'à la consécration de l'abbatiale, en 1312. La guerre de Cent Ans désole alors la région. Après bien des tribulations, le cloître est achevé en 1523 mais déjà d'autres malheurs se profilent : en 1562, les huguenots mutilent les statues du cloître ; en 1631, la tour-lanterne de l'église s'effondre... La congrégation de Saint-Maur rénove le monastère dans le style du Grand Siècle. Les affres de la Révolution feront de Saint-Wandrille une carrière de pierres. Toutes ces péripéties – la dernière date de la Libération, avec le bombardement en 1944 du monastère rendu à la vie religieuse – ont cependant laissé subsister de beaux vestiges des bâtiments. Ainsi des grandes piles nord de l'abbatiale gothique (ci-contre) ou du cloître, l'un des plus admirables de la Normandie avec celui du Mont-Saint-Michel.

Construit à 1 100 mètres d'altitude, Saint-Martin-du-Canigou opposait son enceinte fortifiée aux incursions arabes

Le vigoureux massif du Canigou est une montagne sacrée en pays catalan, où les païens adoraient les idoles avant que ne fût érigée la vénérable abbaye bénédictine de Saint-Martin, en 1007. Le site ne manque pas d'allure : un nid d'aigle sur un promontoire cerné par la forêt, devant lequel se dresse une paroi rocheuse à décourager les rayons du soleil. L'initiative du chantier revient à Guifred de Cerdagne, de la dynastie des comtes de Barcelone, dont l'arrière-grand-père, Guifred le Velu, initia la mode des fondations monastiques familiales, lieux de sépulture et de prière pour ses ancêtres. Guifred de Cerdagne, pour sa part, va renoncer à la puissance régalienne, prendre la robe de bure et vivre quatorze ans dans l'inaccessible abbaye avant d'y être enterré, en 1049, dans un tombeau creusé de ses mains. Son frère, l'abbé Oliba, également à la tête de Saint-Michel-de-Cuxa, contribue à la notoriété du lieu en faisant dérober les reliques de saint Gaudérique, imploré dans la région contre la sécheresse. Pèlerinages aidant, Saint-Martin-du-Canigou prospère. À la crypte initiale soutenue par des colonnes monolithiques se superpose bientôt une église romane, fortifiée contre les fréquentes incursions arabes. En 1428, le jour de la Chandeleur, un terrible tremblement de terre ravage la Catalogne. Le monastère perd alors l'un de ses deux clochers crénelés ; depuis, sa tour jumelle monte la garde, solitaire.

Port-Royal et les siècles suivants

Les siècles qui passent bouleversent la vie monastique ;
autres temps, autres mœurs. Après la ferveur du Moyen Âge,
une mystique plus individuelle s'impose au XVIIe siècle,
le grand siècle, celui de Port-Royal et du roi Soleil.
De nouvelles congrégations voient le jour,
les anciennes abbayes se reforment,
certaines entrent en conflit avec le pouvoir politique.
Les bâtiments monastiques, eux, font peau neuve...
Jusqu'à la Révolution, qui les ruinera.
Mais Dieu retrouvera les siens au XIXe siècle.

Vers la fin du Moyen Âge, les nuages s'accumulent dans le ciel monastique. Les abbayes n'échappent pas aux désordres en tout genre qui frappent la France des XIVe et XVe siècles. La guerre de Cent Ans (1337-1453), qui martyrise le pays, ajoute à son cortège de malheurs le pillage des monastères et le massacre de leurs occupants. Famines et épidémies sèment aussi la désolation. Ces « degasts » considérables portent préjudice aux institutions ecclésiastiques. Les revenus des communautés religieuses s'en ressentent : la prestigieuse abbaye de Saint-Denis perd deux tiers de ses recettes entre 1342 et 1374. Bénédictins et cisterciens sont touchés de plein fouet. Les richesses diminuent, les donations se font rares, les bâtiments se délabrent, les cloîtres se vident. La grande abbaye de Cluny, forte de 300 moines en 1300, n'en abrite plus qu'une soixantaine en 1450. Seuls les ordres mendiants, qui prêchent en milieu urbain, tirent leur épingle du jeu. À l'inverse, un abbé de Clairvaux visitant ses ouailles en 1531 peut constater « une très grande misère parmi les religieux. Ils ignoraient complètement la langue latine, le service divin, les cérémonies de l'ordre… » Et de déplorer l'absence des moines en l'abbaye, les uns étant partis chasser le lapin, les autres chercher des œufs !

L'Église gallicane prend ses distances

Autre conséquence de la guerre de Cent Ans, qui voit Jeanne d'Arc inviter le dauphin Charles VI à se rendre à Reims pour y coiffer la couronne de France et recevoir l'onction du sacre, la frontière entre le pouvoir politique et le pouvoir religieux se modifie. La monarchie, avant d'être absolue, devient « de droit divin » et l'Église « gallicane » prend déjà ses distances avec Rome. Ainsi le concordat de Bologne (1516), conclu entre François Ier et le pape Léon X, accorde-t-il au roi le pouvoir exorbitant de nommer les évêques, le Saint-Siège validant son choix par l'octroi des « bulles » pontificales. De cet accord, découlera le système de la commende qui permettra au roi de nommer les abbés à la tête des abbayes relevant de son autorité. Ce sera un malheur pour la vie monastique, certains abbés commendataires n'ayant d'autre souci que de s'enrichir.

Le dogme suscite des critiques. Martin Luther (1483-1546) et Jean Calvin (1509-1564) élèveront la voix pour critiquer les « indulgences » de l'Église, reposer la question du Salut, affirmer la souveraineté de Dieu, contester le culte de Marie ainsi que celui des saints… Le protestantisme va mettre le feu aux esprits. Les guerres de Religion qui embrasent la France pendant près de quarante ans, de 1559 à 1598, ont des conséquences indirectes mais notables, sur la vie monastique au siècle de Louis XIV. Certains ordres se réforment pour réaffirmer le « rigorisme » catholique et aller parfois au-delà.

Le concile de Trente et son influence

Entre-temps, l'Église aura essayé de parer les coups et de clarifier sa doctrine face à l'hérésie. C'est l'enjeu du concile de Trente qui se réunit, non sans mal, de 1545 à 1563. La Contre Réforme est en marche. Elle réaffirme l'autorité pontificale et implique le clergé régulier appelé, dans le décret de la XXVe session, à vivre conformément à la « règle », à revenir au vœu de pauvreté, à ne rien posséder en propre, à observer la clôture, à accepter l'autorité de ses supérieurs… Le concile demande également que l'anathème soit jeté sur ceux qui obligeraient une femme à entrer en religion ou qui l'en empêcheraient… Ces dispositions ne sont pas innocentes. Le Saint-Siège s'emploie ainsi, par le biais des abbayes (notamment celles, « exemptes », qui échappent à l'autorité des évêques), à retrouver une partie du pouvoir perdu dans les diocèses. Les monastères, qui abritent toujours des moines lettrés, seront

Page précédente :
L'abbaye de Hautecombe.

L'abbaye de Brantôme, fondée par Charlemagne, intègre la congrégation de Saint-Maur en 1636. Les mauristes la reconstruisent aux XVIIe et XVIIIe siècles.

de taille à lutter contre toute pensée dissidente, luthérienne ou calviniste au premier chef… Tout cela explique le formidable essor des congrégations religieuses, y compris féminines, au XVIIe siècle, et préfigure les conflits avec le pouvoir temporel, c'est-à-dire la Couronne de France. L'abbaye des moniales de Port-Royal-des-Champs, sous la houlette de la Mère Angélique Arnauld, sera prise dans la tourmente janséniste qui oppose l'abbé de Saint-Cyran, Jean Duvergier de Hauranne, au cardinal de Richelieu ; et les bénédictins de Cluny refuseront la tutelle du ministre de Louis XIII.

Les ordres anciens se réforment

Pour l'heure, dans les années 1600, les ordres anciens se réforment. Contre le relâchement des mœurs, Dom Didier de la Cour rétablit la règle bénédictine dans sa rigueur à l'abbaye Saint-Vanne de Verdun, donnant naissance à la congrégation du même nom. Celle de Saint-Maur, qui doit son nom à un compagnon de saint Benoît, également bénédictin, voit le jour en 1610. Promise à un brillant avenir spirituel, elle regroupe près de 200 monastères à la fin du XVIIe siècle. Des bénédictins, enfin, demeurent dans la mouvance de Cluny qui cherche également à se réformer.

Les cisterciens adoptent une démarche parallèle. Certains créent, en 1577, la congrégation dissidente des feuillants, presque morbide ; d'autres reviennent à l'Étroite Observance qui s'impose à Port-Royal-des-Champs ; sans oublier l'austère abbaye de La Trappe, réformée d'une poigne de fer par Armand Jean Le Bouthillier de Rancé, prélat mondain tombé dans l'ascèse après une crise amoureuse et mystique… La conversion individuelle, le redressement moral après une vie de péché sont une constante du siècle !

Les activités quotidiennes de l'abbaye de Port-Royal des Champs sont le sujet d'une série de tableaux attribués à Magdeleine Horthemels, vers 1710. (Ci-dessus, le réfectoire et les religieuses soignant les malades.)

Des ordres nouveaux, enfin, apparaissent ou s'imposent : les carmélites, les visitandines ou les ursulines, « missionnaires cloîtrées » vouées à l'instruction des filles, et surtout les jésuites, si présents à la Cour. À l'opposé, des solitaires plaident pour le retour au désert et à l'érémitisme.

D'importants foyers intellectuels

Dans ce foisonnement, les abbayes, maisons « savantes », constituent d'importants foyers intellectuels. Les œuvres de saint Augustin ou de saint Thomas y sont passées au crible. On débat d'exégèse et de théologie contre la scolastique vieillissante ; on publie des textes anciens ; on explore des sciences nouvelles, la paléographie ou la diplomatique.

Le monastère mauriste de Saint-Germain-des-Prés accueille les esprits forts de l'époque, Bossuet et Mabillon. L'abbaye de Port-Royal-des-Champs discute de la Grâce avec la complicité de Pascal, auteur des *Provinciales*.

L'architecture et l'art religieux changent eux aussi. Après la célébration du corps par les artistes de la Renaissance, l'âge classique se veut pudique et même pudibond. C'est le concile de Trente, là encore, qui a défini les règles du jeu. Défendant « que l'on place dans les églises aucune image erronée [...], il veut qu'on évite toute impureté ». Les œuvres se moralisent. L'iconographie, aux mains des gens d'Église, exclut le détail pittoresque et profane qui faisait la saveur des évocations médiévales, au profit d'un idéal austère. Jusqu'à saint Martin, père du monachisme en France, qui doit être représenté non plus en soldat (fils d'un tribun militaire, il fut enrolé de force à quinze ans, suite à un édit des empereurs. Plus tard, il utilisera ses armes pour découper son manteau afin de le partager avec un pauvre hère) mais en évêque !

Le chapitre de Port-Royal des Champs se réunissait sous l'autorité de Mère Angélique Arnauld et les moniales n'étaient autorisées à parler qu'à la « conférence » (ci-dessus, d'après Magdeleine Horthemels).

Les retables sont « baroquisés »

La magnificence s'empare des retables, agrandis, solennisés, « baroquisés ». Transformés en temples particuliers dans le chœur des sanctuaires, ils exaltent la gloire du Ciel, le culte de la Vierge médiatrice, celui de saint Joseph et des autres saints. Dans les abbayes, les églises se plient aux rigueurs du classicisme quand le supérieur, en proie à un délire de grandeur, ne se pique pas de transformer les bâtiments monastiques en un petit Versailles.

Le XVIIIe siècle, âge des Lumières, sacrifiera le divin sur l'autel de la Raison, et la Révolution lui portera le coup de grâce. Les abbayes ne seront pas épargnées. Les idées reçues les accablent de tous les maux : elles sont des repères d'oisiveté et les cloîtres des prisons ! Les propriétés du clergé régulier sont mises à la disposition de la Nation le 2 novembre 1789, et vendues aux enchères comme biens nationaux, entre 1791 et 1794. Le décret du 13 février 1790 interdit les vœux monastiques solennels et supprime les congrégations où ils sont prononcés. Les municipalités procèdent à l'inventaire des maisons religieuses et redonnent leur liberté, moyennant une pension suffisante pour vivre, aux moines qui le désirent. Beaucoup défroquent. Trente-huit des quarante derniers occupants de l'abbaye de Cluny optent pour la vie civile. Les femmes sont plus constantes, mais elles seront rattrapées par la Terreur, avec notamment le massacre des carmélites de Compiègne, en 1792…

Le Consulat et l'Empire sont déchristianisés. L'Église ne redressera la tête qu'après le Concordat (qui marque la réconciliation nationale avec le Saint-Siège en 1801) et surtout la Restauration. Tournant le dos au gallicanisme, elle regarde vers Rome. Ce sont souvent des ultramontains, favorables à l'autorité pontificale, à l'instar de Dom Prosper Guéranger, abbé de Solesmes et fondateur de la nouvelle congrégation des bénédictins de France en 1837, qui repeuplent les monastères.

À 11 ans, Angélique Arnauld devient abbesse de Port-Royal où elle rétablit l'Étroite Observance

L'abbaye des moniales de Port-Royal-des-Champs, fondée en 1204 dans la vallée de Chevreuse et cistercienne depuis 1225, était fort « déréglée » lorsque la très jeune Jacqueline-Marie Arnauld, 8 ans, est nommée coadjutrice en 1599 sur recommandation de son père, avocat au parlement de Paris. En 1602, elle devient à 11 ans « Mère Angélique », abbesse de la communauté. Touchée par une crise mystique, Angélique se « convertit » en 1608 et décide de ramener Port-Royal dans l'idéal de la vie monastique selon saint Bernard et « l'Étroite Observance » de la Règle. Le 25 septembre 1609, date de la célèbre « journée du Guichet », elle rétablit la clôture et interdit à sa propre parenté de franchir le seuil du couvent. Elle restaure ensuite la pauvreté sous toutes ses formes, imposant une paillasse pour la nuit, une robe de serge sous un scapulaire blanc à croix rouge et l'interdiction de consommer de la viande, jusqu'alors servie trois fois par semaine. Le silence est obligatoire, sauf pendant la « conférence », une courte récréation après le déjeuner…

Les religieuses prient huit heures par jour. Le reste du temps, elles confectionnent des habits, du linge et des souliers, fabriquent des cierges ou des hosties, et s'interdisent les travaux futiles de broderie…

La renommée d'Angélique fera de Port-Royal un haut lieu de la Réforme catholique.

Mère Angélique Arnauld et sa sœur, Mère Agnès (ci-dessus) (peintes par Philippe de Champaigne) veilleront l'une et l'autre aux destinées de Port-Royal-des-Champs (ci-contre, d'après une gravure ancienne).

Amis et protecteurs de l'abbaye, ces « Messieurs » de Port-Royal l'entraîneront dans la querelle janséniste

Comme beaucoup d'abbayes à l'époque, Port-Royal-des-Champs attire dans son sillage des nobles de robe et d'épée qui s'installent à proximité, en « solitaires », dès 1638. À la demande de Mère Angélique Arnauld, l'abbé de Saint-Cyran, un érudit de renom proche du mouvement janséniste, accepte de prendre la direction spirituelle des religieuses. Il aménage également, dans les Granges de Port-Royal-des-Champs, de « petites écoles chargées de mettre les jeunes âmes à l'abri de la concupiscence ». Des personnalités, tels Antoine Lemaître, conseiller d'État converti et neveu de l'abbesse, Nicole, écrivain janséniste ou Antoine Arnauld, dit le Grand Arnauld, théologien et frère de Mère Angélique, y enseignent. Le futur dramaturge Jean Racine, l'auteur de *Bérénice*, compte parmi les élèves et le philosophe Blaise Pascal est au nombre des familiers. Mais la renommée des « solitaires » dérange le cardinal de Richelieu, tout-puissant au côté du roi Louis XIII. Saint-Cyran est incarcéré en 1638. La publication de l'*Augustinus* de Jansénius, en 1640, entraîne les religieuses dans la controverse. Ardent défenseur de la rigueur janséniste, Pascal rédige les *Provinciales* (1656-1657). Port-Royal-des-Champs en paiera le prix. Les « solitaires » sont dispersés et les « petites écoles » fermées en 1660. L'abbaye, en proie à de nombreuses persécutions, sera définitivement ruinée en 1709 et les moniales expulsées.

Le puits de Pascal évoque le rôle du philosophe, converti après une nuit d'extase en 1654 et adepte du jansénisme dans l'aventure spirituelle de Port-Royal-des-Champs.

De l'imposante abbaye de Port-Royal-des-Champs, il subsiste peu de choses dont cette chapelle et les Granges qui abritaient les « petites écoles ».

Les moines-médecins de Saint-Antoine l'Abbaye soignent les maux du corps et de l'âme jusqu'au XVIIe siècle

Les ossements d'Antoine l'Égyptien, rapportés vers 1070 de Constantinople, ont assuré la réputation de l'ordre des antonins et celle de son église abbatiale, chef-d'œuvre du gothique dauphinois érigé entre le XIIIe et le XVe siècle dans un bourg encore très médiéval face au massif du Vercors. Très vite, en effet, les reliques attirèrent une foule de malades, victimes de la lèpre ou de la peste et surtout frappés par le « mal des ardents », une redoutable infection liée à un champignon parasite du seigle, l'ergot. Au nom de la charité, l'abbaye est dotée de plusieurs hôpitaux où les moines faisaient des miracles, soignant l'ergotisme avec un mélange de plantes, le « saint vinage », ou coupant, en chirurgiens empiriques, les membres gangrenés par le fléau... Le recul des épidémies et le pillage de l'abbaye incitent les antonins à rénover le monastère aux XVIIe et XVIIIe siècles. Ils remanient les bâtiments, créent des jardins à la française, achètent des tapisseries d'Aubusson et reconstituent le trésor de l'abbaye autour de la châsse de saint Antoine. Le réfectoire est surélevé, la porterie flanquée de deux pavillons couverts de tuiles vernissées... Un magnifique buffet d'orgues en noyer, portant le tau et l'aigle à deux têtes des antonins, est également construit au XVIIe siècle. Restauré depuis, il célèbre toujours la gloire de l'abbaye classée monument historique, en 1840, par Prosper Mérimée.

Malgré les siècles qui passent, l'abbé Armand Jean Le Bouthillier de Rancé, filleul de Richelieu, reste le père spirituel de l'abbaye d'Aiguebelle

Le bouillonnant Armand Jean Le Bouthillier de Rancé a connu une existence tourmentée. Né en 1626, fils d'un secrétaire de Marie de Médicis et filleul de Richelieu, cet homme de cour appartient à la noblesse de robe. Prêtre et fin lettré, il mène une vie mondaine et fréquente le salon de sa maîtresse, la charmante duchesse de Montbazon, qui décède brutalement en 1657. Le choc affectif vaut conversion. En 1662, Rancé se retire définitivement dans l'abbaye de la Trappe, qu'il fait reconstruire. Cistercien, il en devient le très austère abbé en 1664, ramenant le monastère dans la Stricte Observance de la règle de saint Benoît.

Pour stigmatiser ses fautes passées, l'abbé de Rancé se mortifie à outrance. Moraliste et polémiste dans l'esprit du Grand Siècle, il dénonce l'orgueil et fait de l'humiliation un chemin de croix nécessaire pour conduire à l'humilité…

Les trappistes feront des adeptes dans le sillage du célèbre « abbé Tempête », surnom que lui donne l'un de ses biographes, Henri Brémond, en 1929. Avant lui, Châteaubriand avait écrit une très romantique « Vie de Rancé ».

Page de gauche :
Aujourd'hui encore, l'abbaye Notre-Dame d'Aiguebelle vit et prie selon les règles de la Stricte Observance développées au XVIIe siècle par l'abbé de Rancé, réformateur de la Trappe.

Ci-contre :
L'abbé de Rancé, visage émacié sous le capuchon de l'habit monacal, tel que l'a peint Hyacinthe Rigaud en 1692, veille toujours aux destinées de l'abbaye Notre-Dame de la Trappe.

Louis XIV confiera l'éducation de ses quatre plus jeunes filles à l'abbaye de Fontevraud, fondée en 1101

L'abbaye de Fontevraud est installée près de Saumur, en 1101, par le prédicateur errant Robert d'Arbrissel. Fils d'un desservant de paroisse, il mène une vie d'abord peu édifiante avant de devenir ermite vers 1095. Hirsute et vêtu de haillons, c'est un « féministe » avant l'heure. Fontevraud comprenait ainsi une léproserie, un hôpital, une communauté d'hommes, Saint-Jean l'Habit, et un monastère de moniales, le Grand Moutier. Très vite, les femmes y occupent une place prépondérante avec l'intronisation, en 1115, de la première abbesse, Pétronille de Chemillé, qui dirige – fait exceptionnel – l'ensemble des monastères soumis à une règle d'inspiration bénédictine. De nombreuses femmes de la noblesse, parfois en situation conjugale irrégulière, y trouvent refuge. Au XIIe siècle, Henri II Plantagenêt et son épouse Aliénor d'Aquitaine prennent l'abbaye sous leur protection et la transforment en nécropole familiale. Malgré les contestations des moines renâclant sous l'autorité d'une femme, les abbesses se maintiennent au pouvoir. Devenue abbaye royale au XVIIe siècle, liée à la maison de France, Fontevraud se chargera d'éduquer les quatre plus jeunes filles de Louis XIV. La Révolution dispersera les dernières religieuses, laissant subsister l'église abbatiale du XIIe siècle avec ses gisants, ainsi que le grand réfectoire et ses étranges cuisines à cheminées multiples.

Les gisants d'Aliénor d'Aquitaine et d'Henri II Plantagenêt, conservés à Fontevraud, évoquent à la fois l'intérêt des monarques pour l'abbaye et le rôle que les femmes y ont tenu.

La reine Anne d'Autriche serait venue prier à Saint-Michel de Frigolet pour demander un fils à la Vierge

Étonnante abbaye que celle de Saint-Michel de Frigolet, dont la construction au cœur de la Provence en un « ferigoulet », un « lieu où le thym abonde », a duré presque un millénaire… Le monastère, fondé en 962 par les moines de l'abbaye de Montmajour voisine, périclite au XVe siècle, laissant à l'abandon un cloître roman, l'église Saint-Michel et une chapelle Notre-Dame. En 1635, les ermites de Saint-Jérôme reprennent possession des lieux, qu'ils réhabilitent. La chapelle est alors rebaptisée Notre-Dame du Bon Remède, du latin *remedium*, qui signifie « rédemption » ou « rachat ». Les moines la redécorent, en pur style baroque, de boiseries lourdement dorées, de tableaux et d'un retable abritant une Vierge à l'Enfant pleine de tendresse. Selon la tradition, Anne d'Autriche serait venue solliciter l'image et prier la Vierge Marie de lui accorder un fils. La Révolution vide le monastère de ses occupants. De 1839 à 1841, l'abbaye abrite un pensionnat que fréquente Frédéric Mistral, promis à un brillant avenir de poète. Puis l'ordre des prémontrés rachète les locaux pour 18 000 francs. Les nouveaux venus en feront un rêve néogothique, hérissé de flèches et de tourelles. La nouvelle abbatiale, dédiée à l'Immaculée Conception, est consacrée en 1866. Devenue basilique, elle compte trois nefs à neuf travées éclairées de vitraux et rehaussées de peintures exubérantes, de facture médiévale.

Page de gauche :

Construite sur la Montagnette, un massif calcaire de 6 kilomètres sur 12, l'abbaye Saint-Michel de Frigolet réunit des bâtiments composites : certains sont de style roman et d'autres, plus récents, d'inspiration néogothique.

Ci-contre :

Les colonnes de l'église abbatiale, dans la nef centrale, ont été décorées au XIXe siècle par Guibert d'Anelle, élève du peintre Horace Vernet. Les douze apôtres, piliers de l'Église, y sont représentés dans une débauche de couleurs et de dorures.

Dom Guéranger transforme le prieuré de Solesmes en abbaye bénédictine, la première à renaître au XIXe siècle

Que reste-t-il, après la Révolution, du modeste prieuré de Solesmes, fondé en 1010 près de Sablé sur les ruines de la villa gallo-romaine Solemnis ? Rien, sinon des bâtiments délabrés et quelques magnifiques sculptures oubliées, témoins des méfaits de la guerre de Cent Ans et d'un regain architectural aux XVIIe et XVIIIe siècles, sous l'impulsion de la congrégation de Saint-Maur. Mais les moines avaient quitté le monastère dès 1792. Ces ruines fascinent pourtant un enfant du pays, Prosper Guéranger, né à Sablé en 1805, qui aime à s'y promener et rêve d'y ranimer une vie spirituelle selon saint Benoît. Ordonné en 1827, le jeune prêtre passe à l'action en 1833 : il loue le prieuré et emménage avec trois compagnons. Des bienfaiteurs le soutiennent. Quatre ans plus tard, le Vatican lui rend grâce. Convié à Rome par le pape Grégoire XVI, Guéranger prononce, en juillet 1837, ses vœux monastiques d'abbé de Solesmes, supérieur général de la nouvelle congrégation des bénédictins de France succédant aux congrégations de Cluny et de Saint-Maur… L'abbaye de Saint-Pierre de Solesmes s'agrandit rapidement. Une église de style romano-gothique, érigée entre 1896 et 1900 sur le modèle du Mont-Saint-Michel, domine la Sarthe ; une bibliothèque et un cloître moderne s'y ajoutent en 1936-1937. Dom Guéranger, artisan du renouveau, repose dans la crypte. Selon son vœu, la vie contemplative poursuit son cours paisible.

L'abbaye de Solesmes, tête de pont du renouveau bénédictin, revient à la liturgie latine et au plain-chant

Les « moines noirs » réunis par Dom Guéranger font de Solesmes un des berceaux du renouveau grégorien. Malgré son nom, le plain-chant ou chant grégorien ne doit rien à saint Grégoire, mais trouve son origine dans les récitatifs juifs et les chants jadis en vigueur dans les basiliques romaines. Ce répertoire officiel du chant d'église serait né vers l'an 700 dans les milieux monastiques carolingiens soumis à la règle de saint Benoît. Contemplatif et chanté sans accompagnement, le plain-chant valorise la vie intérieure et constitue, selon les frères de Solesmes, « la dernière vibration avant le silence qui est plus beau que tout ». Depuis le XIVe siècle, il s'écrit en notes carrées sur des portées de quatre lignes et s'est perpétué ainsi après son apogée, au Moyen Âge, dans l'abbaye de Cluny. Le chant grégorien constituait pour Dom Guéranger, adepte du retour aux sources, la plus ardente expression de la liturgie latine, mise à mal en France depuis le XVIe siècle et concurrencée par quantité de rites gallicans, c'est-à-dire indépendants du Saint-Siège. Guéranger, un ultramontain attaché à l'infaillibilité du pape, s'en explique dans ses *Institutions liturgiques* (1840-1842) et déchaîne en son temps les passions. Qu'importe : au cours du XIXe siècle, la liturgie romaine regagne du terrain et le plain-chant retrouve toute son importance. Les moines de Solesmes en sont toujours les dépositaires.

La congrégation de Solesmes essaime en Bretagne avec l'abbaye des moniales de Saint-Michel de Kergonan

Le renouveau monastique qui anime la France après la Restauration concerne aussi les femmes. Sous l'impulsion de Dom Guéranger, l'abbaye Saint-Pierre de Solesmes « invente » son pendant féminin, Sainte-Cécile de Solesmes. Sa première abbesse, Mère Cécile Bruyère, fidèle à la tradition, essaime à son tour. Elle cherche en Bretagne, « au cœur de la région mégalithe, quelques hectares de terres labourables, de sapins et de sources d'eau » où jeter son dévolu. C'est chose faite en 1896, sur la côte du Morbihan avec « la mer, en face, sur trois côtés ». « Ce sera beau de donner une voix à cette immensité », proclame l'abbesse qui confie la charge du nouveau monastère à l'une de ses sœurs en religion, Mère Lucie Schmitt. L'évêque de Vannes bénit le chantier et, le 17 août 1898, vingt-trois moniales intègrent un bâtiment inachevé. Les travaux seront interrompus d'abord par l'exil des religieuses, victimes en 1901 des lois anticléricales de la République, ensuite par l'occupation allemande et la réquisition du monastère entre 1943 et 1945. L'église abbatiale dédiée à Notre Dame des Anges ne sera donc consacrée qu'en... 1970 ! L'abbaye, avec sa façade néogothique en granite du pays, abrite toujours des bénédictines vouées au travail et à la prière. Un verger, un potager, des prairies assurent leur subsistance. Elles accueillent à l'hôtellerie des voyageurs de bonne volonté en quête de paix intérieure.

La très romantique abbaye de Hautecombe, nécropole des ducs de Savoie, surplombe le lac du Bourget

Ce sont des cisterciens qui ont érigé l'abbaye de Hautecombe, au XIIe siècle, sur les rives alors désertes du lac du Bourget. Une grange, la « Darse », construite au bord de l'eau afin de stocker facilement les denrées alimentaires convoyées par barque, témoigne encore de ces temps héroïques. La renommée de l'abbaye grandissant, la maison des comtes (futurs ducs) de Savoie, maîtres de la région piémontaise, souhaite y trouver sépulture. Une quarantaine des membres de la dynastie y seront inhumés entre la fin du XIIe siècle et le XVe siècle, qui marque l'apogée du monastère. L'annexion de la Savoie par la France, en 1792, entraîne le déclin de l'abbaye, deux fois pillée et transformée en faïencerie de 1799 à 1807. Le retour provisoire de la province dans le giron piémontais (1815-1860) sauve Hautecombe de la ruine. Soucieux d'honorer ses ancêtres, le roi de Sardaigne Charles-Félix, descendant des ducs de Savoie, en confie la restauration à un architecte local, Ernest Melano, adepte d'un style néogothique flamboyant, des tympans sculptés et des gargouilles. La majestueuse église abbatiale fait office de mausolée, avec ses imposants cénotaphes et les tombeaux de marbre du roi Charles-Félix et de la reine Marie-Christine. En 1922, des bénédictins ramènent Hautecombe à la vie spirituelle. Depuis 1992, la communauté charismatique du Chemin Neuf a pris le relais.

Ci-contre
et page de droite :

De la prestigieuse abbaye médiévale de Cluny, il ne reste, après la Révolution, que les voûtes de l'église abbatiale et quelques chapiteaux historiés.

Le cardinal de Richelieu s'impose comme abbé de Cluny et tente de réformer l'ordre des bénédictins

Si Cluny a perdu de son ascendant depuis le Moyen Âge, l'abbaye n'en tient pas moins son rang sous l'Ancien Régime. D'où l'intérêt que lui porte le cardinal de Richelieu. L'éminence grise de Louis XIII nourrit, dès 1627, l'ambitieux projet de réunir en une seule congrégation tous les monastères bénédictins de France. L'idée politique est claire : associer le prestige de Cluny (et ses immenses richesses) à l'esprit réformateur des nouvelles congrégations de Saint-Maur et Saint-Vanne, sous prétexte d'harmoniser la vie spirituelle... Et surtout constituer sous sa houlette, en tant que supérieur général, une force monastique indépendante du Saint-Siège. Pour parvenir à ses fins, Richelieu se fait nommer abbé de Cluny, en 1629, après avoir évincé son prédécesseur, contraint à la démission. Ce sera en vain. Les moines, attachés à leur autonomie, refusent de céder.

En 1657, Mazarin renouvelle la tentative, mais toujours sans succès. Préservé mais affaibli, l'ordre de Cluny survivra jusqu'à la Révolution, qui lui sera fatale.

Vivre au cœur du silence

Si beaucoup d'abbayes, classées ou inscrites aux Monuments historiques, sont aujourd'hui vides de leurs moines, certaines communautés, fidèles à leur vocation, continuent de vivre dans le silence monastique. Le temps y semble suspendu, rythmé comme autrefois par les prières du jour. Les frères perpétuent les traditions artisanales, mais ne boudent pas pour autant la modernité : ils deviennent éditeurs et se lancent à l'occasion dans la haute technologie. Seul, l'amour de Dieu reste immuable.

La IIIe République, laïque et anticléricale, n'est pas généreuse envers les religieux. Peu après la publication des décrets du 29 mars 1880 sur la dissolution des congrégations, Paul Bert, futur ministre de l'Instruction publique et des Cultes, « déclare la guerre aux moines », accusés de constituer un État dans l'État, d'accaparer de façon occulte l'héritage des novices et d'aliéner leur liberté par des vœux solennels contraires à l'esprit des Droits de l'homme. Bref, ordre est donné à la force publique de disperser les communautés « non autorisées ». Les jésuites sont les premiers visés mais d'autres congrégations subissent la mesure de plein fouet, à l'exemple de l'abbaye Saint-Michel de Frigolet, près de Tarascon, dans les Bouches-du-Rhône. Le 5 novembre 1880, le monastère, qui abrite alors une vingtaine de prémontrés, est investi par la troupe : pas moins de 3 000 hommes en armes, fantassins et dragons ! Le siège va durer quatre jours avant qu'un serrurier de Marseille appelé à la rescousse - ceux de Tarascon refusant d'effectuer ce travail peu glorieux - ne parvienne à ouvrir une porte dérobée qu'il avait découverte. À l'intérieur du couvent, le père abbé et les frères psalmodient paisiblement l'office du matin. Ils quitteront le monastère peu après, n'opposant à la force que les arguments de leur foi, des bréviaires et des chapelets. La loi de séparation de l'Église et de l'État, votée en 1905, et les inventaires qui s'ensuivent compléteront le dispositif, mettant fin à un siècle de régime concordataire. Pour de nombreux religieux, l'exil se prolongera jusqu'à la fin de la Première Guerre mondiale.

Le goût des vieilles pierres

L'anticléricalisme et la perte du sentiment de Dieu engendré par les tueries de la Grande Guerre suscitent incontestablement une crise des vocations, mais parallèlement l'intérêt pour les vieilles pierres va croissant, sauvant de la disparition de nombreuses abbayes parmi celles que la Révolution n'avait pas irrémédiablement ruinées en les transformant en carrières de pierres.

La notion de patrimoine, associée à celle de la continuité historique, naît au XIXe siècle. Chateaubriand, le premier, oppose dans Le Génie du christianisme, publié en 1802, « les ruines qui témoignent des effets du temps », dont la vue est « consolante », à celles « plus désespérées qui résultent de l'outrage des hommes ». Le sens du divin, que la Révolution avait imaginé pouvoir annihiler, ressurgit : « On ne pouvait entrer dans une église gothique sans éprouver une sorte de frissonnement et un sentiment vague de la divinité », constate encore Chateaubriand. Et Victor Hugo lui emboîte le pas, qui impose la vénération gothique à travers Notre-Dame de Paris (1831)...

Prosper Mérimée et les monuments historiques

Dès 1830, Louis-Philippe et la monarchie de Juillet instaurent une politique de conservation du patrimoine, soutenue par la création du poste d'inspecteur général des monuments historiques, occupé pendant vingt-six ans par l'écrivain Prosper Mérimée. À partir de 1837, une commission spécialisée l'épaule dans cette rude tâche. Les préfets sont également invités à dresser la liste des édifices dignes d'intérêt de leur circonscription. L'abbatiale de Tournus et l'abbaye de Cluny, respectivement classées en 1840 et 1862, échappent ainsi à l'abandon. Des architectes, tel Viollet-le-Duc, ardent partisan de l'« unité de style », se penchent à leur chevet.

Ces mesures de sauvegarde, et beaucoup d'autres prises ultérieurement, au cours du XXe siècle, n'empêcheront pas certains bâtiments d'être démontés et exportés aux États-Unis, toujours en mal de

Page précédente :
Méditation près des étangs, à l'abbaye de Melleray.

L'abbaye du Bec-Hellouin (ci-dessus), qui rayonnait au XIIe siècle, a toujours su préserver la sérénité de la vie monastique.

« racines » culturelles. Ce fut le cas notamment du cloître de l'abbaye Saint-Michel de Cuxa, transféré à New York, au musée des Cloisters. Au XIXe siècle, toutefois, la passion naissante pour le patrimoine ne concerne qu'une minorité, une élite fortunée et friande de ces « tours d'Europe » qui éclairent l'esprit de l'honnête homme. Le tourisme, même s'il est favorisé par l'essor des chemins de fer, est encore balbutiant dans les années 1860, mais certains sites grandioses focalisent déjà les curiosités. L'abbaye du Mont-Saint-Michel reçoit alors 10 000 visiteurs par an. Ils seront 100 000 en 1910 et 850 000 en 1996.

Le tourisme religieux

L'essor du tourisme de masse, dans les années cinquante et soixante, modifie la donne. Nombre de monastères désaffectés accueillent un musée ou un centre culturel, à moins que l'administration ne s'approprie les locaux pour y héberger ses services. Ces transferts ne vont pas sans soulever d'importants problèmes de propriété, les abbayes ayant souvent été démantelées et vendues par lots à différents acquéreurs. Au total, on recense quelque 1500 monastères et établissements conventuels classés, dont 629 abbayes, 332 prieurés, 346 couvents, 28 ermitages et 5 granges monastiques.

Dans les années soixante-dix, les exigences du tourisme évoluent. Les besoins se diversifient et se spécialisent, se tournant par exemple vers les vacances sportives, les vacances vertes ou à thème. Le tourisme religieux est à l'honneur. Il justifie même la création de « routes » spécifiques, balisées sous l'égide de la Caisse nationale des Monuments historiques : ainsi de la route historique du val de Seine et de la route des abbayes, en Normandie, ou de celle des abbayes du Rouergue...

Entre le travail dans les jardins de Voiron et l'étude, les novices de Chambarand respectent toujours la règle de saint Benoît.

Autant d'invitations à emprunter des chemins creux et à « s'aventurer » loin des foules à la découverte de trésors architecturaux de moins en moins cachés. L'abbaye cistercienne de Sénanque, en Provence, reçoit ainsi quelque 200 000 visiteurs par an.

Des abbayes « vivantes »

Les monastères toujours consacrés et abritant des communautés n'ont pu que s'adapter. Un exercice difficile pour les quelque 9 000 moines et moniales, bénédictins, cisterciens, trappistes et autres qui les peuplent encore, tiraillés entre leur désir de solitude, au cœur de la vocation, et les nécessités de la modernité. La disparition du monde rural traditionnel au profit de l'agriculture intensive les a obligés à changer de mode de vie. La surface souvent réduite des terres agricoles monastiques ne permet plus d'assurer leur autonomie. L'abbaye des moniales de la Coudre, dotée de 25 hectares, a ainsi dû céder une partie de ses propriétés pour la construction du boulevard périphérique de Laval. Elle dispose encore d'assez de terrain pour entretenir un potager et un verger. En revanche, elle a renoncé à ses étables et achète à présent le lait nécessaire à la fabrication des fromages, sa principale source de revenus. Les abbayes, décidées à affronter les réalités contemporaines sans rien céder de leurs valeurs, ont appris la gestion, tissé des liens commerciaux, acheté des ordinateurs. Les moines, à l'instar des chefs d'entreprise, ne se déplacent plus sans leur téléphone mobile – sauf pendant les offices.

Loin des tracas du monde

Traditionnellement « gourmandes » malgré l'austérité de rigueur en leurs murs – ne dit-on pas, par plaisanterie, qu'elles ont inventé la gastronomie ? –, les abbayes produisent depuis toujours des denrées alimentaires, miel, confitures, fromages ou liqueurs, fabriquées selon des recettes supposées secrètes

La messe, ici célébrée à Notre-Dame de la Trappe, ponctue la journée des moines qui regagnent ensuite leurs ateliers (ci-dessus à Aiguebelle).

avec les ingrédients du cru. Beaucoup de communautés cultivent aujourd'hui cette image de marque. Les abbayes de Tamié, la Coudre, Chambarand ou Cîteaux se conforment aux normes européennes pour continuer à affiner des fromages goûteux, dont la réputation n'est plus à faire. Certaines « maisons » dirigent des ateliers de poterie ou de céramique, comme dans l'abbaye du Bec-Hellouin. D'autres distillent toujours des liqueurs à l'ancienne, aux subtils parfums de plantes, ou bien transforment la cire de leurs ruchers en cierges et encaustique.

Certaines abbayes se sont tournées vers l'édition, en liaison avec des librairies spécialisées. La Pierre-Qui-Vire est à la tête des très actives éditions du Zodiaque, spécialisées dans les ouvrages d'art, d'architecture et, bien sûr, de religion ; les moines de Melleray pilotent un atelier d'arts graphiques et collaborent avec des éditeurs universitaires ; la bibliothèque de Saint-Wandrille, pour sa part, a entrepris de recenser un million d'ouvrages anciens conservés dans 127 monastères bénédictins de France. Les moniales de Notre-Dame de la Garde, elles, s'intéressent à la haute technologie et sous-traitent de minutieuses soudures pour des cartes électroniques.

Enfin, les abbayes prolongent la coutume médiévale de l'hospitalité. Si elles ont renoncé à remplir la fonction d'hôpital ou d'école, elles exploitent, à présent, un « créneau » rarement exploré dans la société moderne, en proie aux malaises du stress : celui du recueillement et du repos de l'âme. Les visiteurs qui le souhaitent peuvent séjourner à l'hostellerie et partager le mode de vie de leurs hôtes pour quelques jours de retraite dans le silence et la paix de l'esprit. Quant à ceux qui ne désirent pas y séjourner, ils sont généralement admis à découvrir en promeneurs, à certaines heures, la beauté des abbatiales, la sérénité des cloîtres et la fraîcheur des jardins monastiques...

Les gestes de la prière, que perpétuent les moines de l'abbaye d'Acey, ont été réglementés dès le Moyen Âge

Si la prière à genoux n'est pas une nouveauté dans les premiers temps du christianisme, elle n'exclut pas d'autres attitudes de ferveur : la prosternation, l'inclinaison de la tête ou la station debout, les bras en croix... Le concile de Nicée, en 325, déconseille même de s'agenouiller entre Pâques et Pentecôte, cette période invitant plutôt les fidèles à s'élever vers le ciel avec le Christ ressuscité. Mais dès le IXe siècle, l'adoration à genoux s'inscrit dans les coutumes de l'Église, tandis que les manifestations d'exubérance, comme se frapper le torse à coups de poing ou prendre « la voix haute des femmes », sont désapprouvées. Les mains jointes au-dessus de la poitrine – un geste emprunté à « l'hommage » féodal – et la génuflexion marquent définitivement la prière au XIIe siècle. Genoux et pointes de pied doivent toucher le sol ; tout autre appui est interdit et rester debout dénote désormais la tiédeur... Ces traditions, inscrites dans les manuels pratiques de liturgie, ont traversé les siècles.
Aujourd'hui encore, les moines de l'abbaye d'Acey s'y conforment. Ils respectent également le rythme des prières, plusieurs fois par jour de l'aube au couchant, et se réunissent régulièrement dans la haute abbatiale de style gothique, remaniée après l'incendie de la nef. L'église monastique est ornée depuis 1994 de vitraux signés Jean Ricardon, fabriqués chez un maître verrier de Dijon.

Page de gauche :

Les moines blancs prient quotidiennement dans l'église d'Acey, fille de l'abbaye d'Aiguebelle, fondée en 1136 sur les bords de l'Ognon, une rivière du Jura. Le monastère a été doté de nouveaux bâtiments au XVIIIe siècle.

Ci-contre :

Les moines trappistes de l'abbaye Notre-Dame des Dombes s'installèrent en 1863 au milieu des étangs pour réconforter une population affaiblie par les fièvres des marais. Ils y menèrent jusqu'en 2001 une vie contemplative, pratiquant la *lectio divina*, avant de céder la place à la communauté du Chemin Neuf.

Dans l'abbaye de Fontfroide, vidée de ses moines et accessible au public, résonne l'écho du passé

Le démantèlement de l'abbaye de Fontfroide, construite au XIe siècle entre rocaille et garrigue dans les Corbières, était programmé ; en 1908, son rachat par des particuliers a sauvé ce magnifique ensemble monastique, l'un des plus complets de France. En s'y promenant aujourd'hui, on croit parfois entendre les voix du passé confier au silence des souvenirs tumultueux. Fondée en 1093, Fontfroide accueille saint Bernard et rallie en 1145 l'ordre de Cîteaux. Les moines bâtisseurs projettent dans la pierre, comme le souligne l'historien Georges Duby, « un rêve de perfection morale » avec l'église abbatiale, vaste comme une cathédrale, et son cloître taillé dans les grès rose et ocre de la région. Au XIIIe siècle, Fontfroide est immensément riche et possède 25 granges fortifiées, 20 000 moutons et un domaine de 30 000 hectares.
Située aux portes du pays cathare, l'abbaye va devenir un bastion de l'orthodoxie et mêler sa voix, loin du silence monastique, aux querelles du siècle. En 1208, des frères de Fontfroide, nommés légats du pape, dénoncent vivement l'hérésie. L'un d'eux, Pierre de Castelnau, est assassiné ; sa mort déclenchera la terrible croisade des Albigeois (1209-1210). D'autres tragédies surviendront, comme la Peste noire qui, en 1348, décima la communauté. Agrandie d'un palais abbatial au XVIIIe siècle et plantée d'une roseraie dans l'ancien potager des moines, Fontfroide aujourd'hui confie ses souvenirs à qui sait l'écouter.

Artiste dans l'âme, l'aumônier de l'abbaye de la Coudre travaille au pinceau et à la plume comme les anciens moines copistes des monastères

Aujourd'hui comme hier, peindre, enluminer, décorer ou faire œuvre d'art demeure une façon de célébrer le Créateur tout en valorisant l'esprit d'entreprise, une idée chère aux cisterciens. Au Moyen Âge, l'offrande à Dieu et à ses saints exige du peintre ou du maître d'œuvre, qu'il élabore un diptyque ou bâtisse une église, le meilleur de lui-même. Cette tradition de la « *peritia* », l'habileté de l'artiste, s'est perpétuée, à l'instar des critères esthétiques que les moines contemporains essaient de conserver.
L'univers médiéval était avide de couleurs, synonymes de joie et de richesse à une époque où les teintures naturelles étaient rares, onéreuses et hautement symboliques. Ainsi de l'or et du bleu, apanage des rois et a fortiori des souverains célestes, souvent utilisés pour les manteaux de la Vierge. Le rouge également, réminiscence de la pourpre impériale, est tout autant la teinte de la gloire que celle du sang versé par le Christ. Enfin, l'art byzantin, venu d'Orient avec ses icônes aux visages auréolés, imprègne pour longtemps la peinture médiévale.
Artiste émérite, ce moine cistercien, aumônier de l'abbaye de la Coudre, s'emploie à restituer à l'ancienne les traits des saints fondateurs de son ordre.

Les moines trappistes de Notre-Dame de Bellefontaine perpétuent l'œuvre savante des anciennes abbayes

Fondée au XIIe siècle, restaurée en 1642 par les feuillants et sauvée de la ruine en 1816-1817 par un trappiste, Dom Urbain Guillet, l'abbaye de Bellefontaine a été presque entièrement reconstruite au XIXe siècle avec ses dépendances. L'imposante bibliothèque, incendiée durant la Révolution, a également été remeublée. Les moines de Bellefontaine sauvegardent la tradition savante dont s'enorgueillissaient les abbayes médiévales. La *lectio divina*, codifiée par les législateurs monastiques et consacrée à l'étude individuelle de la Bible ou des écrits des Pères de l'Église, se pratique toujours. Cette lecture, nourriture de l'esprit, conduit à la méditation et à la prière « en ruminant les choses avec suavité ». Au XVIIIe siècle, la *lectio divina* permettait également la diffusion des « bons » livres, par opposition aux écrits des Lumières. Le choix est désormais beaucoup plus large : il inclut des œuvres savantes ou philosophiques et la découverte des dévotions modernes. Connaître, mais aussi faire connaître ! Soucieux de revenir aux sources de la vie monastique, les moines de l'abbaye de Bellefontaine animent, depuis 1966, une maison d'édition : les Éditions monastiques de l'Abbaye de Bellefontaine. Ils publient aussi bien des livres rares, rédigés par les docteurs de la foi, que des ouvrages de réflexion sur la spiritualité occidentale et orientale.

Comme jadis et en toute saison, les jardins de l'abbaye de Valloires se veulent une promesse de paradis

Les cisterciens qui aménagèrent au XIIe siècle l'abbaye de Valloires, entre bois et vergers, dans la vallée de l'Authie, n'ignoraient rien de la magie des plantes. Pour eux, fleurs et arbustes constituaient déjà une promesse de paradis, une vision de l'Eden. Les bâtiments conventuels, détruits au cours des guerres de Cent Ans et de Trente Ans, ont été reconstruits au XVIIIe siècle avec tout le lustre de l'architecture classique. Ainsi du bel ordonnancement de la cour d'honneur, autour de la chapelle et du pigeonnier, et des superbes boiseries intérieures en chêne sculpté dans le style rocaille. Vendue et classée monument historique en 1906, l'abbaye a aujourd'hui renoué avec son passé : depuis 1987, elle abrite un parc botanique dessiné sur 8 hectares par le paysagiste Gilles Clément dans l'esprit des jardins cisterciens. Plus de 5 000 variétés d'arbres et de fleurs y sont représentées. Un cloître végétal planté d'ifs fait pendant au cloître de pierre. Une roseraie, où se déploient « la rose des jardins de Valloires », baptisée par l'actrice Catherine Deneuve, et « la rose des cisterciens », créée par l'horticulteur Delbard, s'aligne à la française devant la façade ouest des bâtiments. Des fleurs blanches, évocation de la simplicité monacale, se voient à proximité, près du « jardin des marais » garni de plantes hydrophiles. Enfin, liqueurs de pissenlit et jus de rhubarbe évoquent les élixirs médiévaux.

Derrière la clôture, les sœurs bénédictines d'Erbalunga vivent encore en autarcie grâce à leur potager

Depuis l'époque carolingienne, le potager occupe une place considérable dans la vie religieuse et le monastère d'Erbalunga, doté d'un domaine agricole, ne faillit pas à la règle. Comme autrefois, l'*hortus* est planté « d'herbes », c'est-à-dire de légumes qui poussent au-dessus du sol, comme la laitue, le cerfeuil ou le persil. Le verger produit également ce qu'il faut de pommes et de pêches, accommodées en compotes ou en confitures par des sœurs tenues au silence pendant ces travaux ménagers. Les plantes aromatiques, le thym, le romarin ou la sauge, sont les bienvenues. Si elles servent encore à confectionner des tisanes, elles étaient jadis cultivées dans l'*herbularius*, le jardin des simples, et jouaient un rôle essentiel dans la pharmacopée. Au Moyen Âge, les jardins monastiques abritaient près de quatre-vingt-dix espèces de plantes et d'arbres fruitiers différentes, qui fournissaient l'essentiel de la nourriture quotidienne.

Les moniales de Chambarand commercialisent des produits artisanaux fournis par des monastères amis

L'abbaye de Chambarand est installée entre bois et pâturages, face à la chaîne du Vercors, sur un plateau à 600 mètres d'altitude. Cette communauté trappiste, qui regroupe une cinquantaine de sœurs, réside ici depuis 1931 après s'être réapproprié des bâtiments du XIXe siècle vidés de leurs occupants en 1903 par les lois anticléricales de la IIIe République. L'ordinaire des jours est ponctué, selon la règle, par la prière et le travail manuel. Tirant avantage de leur situation au cœur des alpages, les moniales de Chambarand mettent les fruits du verger en bocaux et fabriquent des fromages dont le goût évoque, dit-on, celui du reblochon. Le lait, fourni par des coopératives locales, est livré plusieurs fois par semaine à l'abbaye. Ainsi se maintient la tradition du « casei », moyen de conservation au Moyen Âge des excédents laitiers produits par les troupeaux. Cette méthode artisanale a donné naissance à des spécialités célèbres : le livarot, le maroilles, le récollet ou le pont-l'évêque, d'abord nommé « angelot ». Grâce à une chaîne d'amitié nouée avec une trentaine de monastères français, belges et africains, l'abbaye Notre-Dame de Chambarand commercialise également un « panier gourmand » qui associe chocolats de Bonneval, entremets de la Coudre, bonbons et liqueurs de Lérins...

En fabriquant des fromages, les moines de Tamié respectent la règle du travail manuel selon saint Benoît

« *Ora et labora* », prie et travaille... Dès 1132, année de la fondation de l'abbaye savoyarde, les moines de Tamié réconfortent les voyageurs d'un repas frugal de pain, de vin et d'un fromage crémeux affiné au monastère. Malgré les vicissitudes de l'Histoire (Tamié, ruinée au XVe siècle, fut restaurée au XVIIe dans la « Stricte Observance » trappiste), cette tradition laitière, source importante de revenus pour la communauté, s'est conservée. Elle est même aujourd'hui plus vivante que jamais. Chaque matin, quelque 4 000 litres de lait de vache cru, en provenance des fermes alentour, sont livrés à la fromagerie de l'abbaye, installée à l'intérieur de la clôture. Les moines s'y affairent cinq heures par jour, six jours par semaine, sans rien sacrifier par ailleurs de la vie monastique et de ses contraintes. Pour eux, la journée débute à 4 heures du matin avec l'office de vigiles, et s'achève à 21 heures après complies. Le travail, interrompu par les prières quotidiennes, démarre avec la cuisson du lait, chauffé dans d'énormes cuves de cuivre selon une recette jadis confiée à l'abbaye par des maîtres fromagers de Gruyère. Les meules sont ensuite affinées dans les caves du monastère, à température constante (14 °C), pendant trois ou quatre semaines... Le rayonnement de Tamié doit autant à la richesse de sa vie spirituelle qu'à la gourmandise !

Les moines de Tamié, également maîtres fromagers, n'ont rien perdu des savoirs ancestraux.

Après moult péripéties, l'abbaye cistercienne de Melleray, rendue à la vie religieuse, cultive la musique et la sérénité des jours monastiques

D'où vient cette appellation étrange, « Melleray », dont l'orthographe varie au fil des âges ?
L'abbaye cistercienne de Melleray, fondée en 1142, tirerait son nom du latin *mellarium* (la ruche), laissant supposer que les abeilles affluaient dans la région. À moins qu'il ne se rattache au mot breton *meltre* (affliction ou misère), et à la terminaison « aie » (habitation), évoquant « l'habitation des affligés », c'est-à-dire d'anciennes léproseries où les malades étaient tenus à l'écart du monde. Quoi qu'il en soit, c'est dans une clairière protégée du vent par d'épaisses forêts que l'abbé Foulques, venu d'Anjou, « essaima » pour établir une communauté religieuse au bord d'un étang de 6 hectares. De cette époque, le XIIIe siècle, subsiste l'église Notre-Dame remaniée en style gothique, avec son clocher et son cloître. Prospère, l'abbaye s'agrandit, aux XVIIe et XVIIIe siècles, d'un logis abbatial et autres bâtiments conventuels, dont une bibliothèque. Toutes les archives furent brûlées en 1791, et le couvent désaffecté.
Rendue à la vie religieuse, l'abbaye abrite désormais une vingtaine de moines blancs, tous attachés aux anciennes traditions. Ils animent un atelier d'arts graphiques et veillent sur leur patrimoine spirituel.

Les moines blancs de Melleray conservent précieusement les vieux antiphonaires

Le « père des moines d'Occident », saint Benoît, accordait une attention particulière à la psalmodie, dont la musique s'est transmise de bouche à oreille jusqu'au VIIIe siècle, avant d'être consignée dans des livres liturgiques, les antiphonaires, qui contiennent l'ensemble des chants exécutés par le chœur durant l'office. Très vite, la musique liturgique s'enrichit d'antiennes et de psaumes souvent composés par les religieux eux-mêmes. Les répertoires se diversifient selon les régions et des instruments à cordes, comme la cithare, entrent dans le jeu, si bien que Madame de Maintenon, seconde épouse de Louis XIV, reprochait aux abbayes de faire de leur église « un opéra ».

Les moines de l'abbaye du Bec-Hellouin respectent depuis sa fondation, en 1034, la règle du silence

L'abbaye bénédictine du Bec-Hellouin, fondée en 1034 par Hellouin, petit-fils d'un compagnon de Guillaume le Conquérant, fut en son temps un haut lieu de la vie spirituelle en Normandie. Son école claustrale rayonnait sur toute la région et l'abbaye regroupait sous son autorité une quarantaine de prieurés. Privé de son rôle intellectuel par la naissance des universités, le Bec-Hellouin conservera son prestige jusqu'à la fin de l'Ancien Régime, grâce à son rattachement à la congrégation de Saint-Maur qui fit construire, aux XVIIe et XVIIIe siècles, de nouveaux bâtiments. L'abbaye du Bec est à présent classée monument historique, mais une communauté d'une vingtaine de moines continue d'y vivre sous la clôture. Elle anime un atelier de céramique vendue sur place. Les frères respectent toujours la loi monastique du silence, une valeur essentielle destinée à placer l'âme en situation d'écoute. Selon saint Benoît, le silence total n'était pas de rigueur, mais il devait remplacer « la médisance, la calomnie [...] et donc les paroles inutiles ou abusives ». Au Moyen Âge, l'abbaye de Cluny inventa un langage par signes permettant de communiquer sans trahir la règle. Cette commodité suscita des abus, voire de véritables conversations, et tomba en désuétude. Aujourd'hui, le silence n'est observé qu'en certains lieux, tel le réfectoire, et à certaines heures du jour et bien sûr de la nuit.

Ci-contre :

L'abbaye de Fontenay, inscrite au patrimoine mondial de l'Unesco en 1981, évoque diverses activités qui firent la grandeur et la fortune des moines cisterciens. Ainsi de la forge, avec tous ses outils.

Page de droite :

L'abbaye d'Aiguebelle, toujours vivante et d'obédience trappiste, privilégie le travail manuel selon les exigences de l'abbé de Rancé, réformateur de l'ordre cistercien au XVIIe siècle.
On voit ici un moine tailleur de pierres.

Contraints de reconstruire l'abbaye détruite durant la Révolution, les moines d'Aiguebelle n'ont pas cessé depuis de manier le burin et de tailler la pierre

Les moines de l'abbaye d'Aiguebelle, fondée en 1137 sur une terre aride et rattachée à l'ordre de Cîteaux, se sont d'emblée mis au travail. Ils ont non seulement défriché la terre, mais aussi exploité des carrières de gypse, pour le plâtre, et de lignite. Le monastère, propriétaire de nombreuses granges, prospéra. Ravagé par les huguenots en 1562, il fut ensuite ruiné par la Révolution, transformé en exploitation agricole et ses moines contraints à l'exil. Lorsqu'ils réintègrent les lieux, en 1815, de nombreux bâtiments sont saccagés, y compris le cloître et le magnifique réfectoire attenant, long de 25 mètres, joyau de l'abbaye. Les moines vont reconstruire, redresser les murs, les couvrir de tuiles et réhabiliter l'église. Depuis, ils n'ont pas perdu la main et ce frère, cistercien de la Stricte Observance (trappiste), taille et cisèle la pierre dans son établi avec une précision héritée des tâcherons du Moyen Âge.

Laïcs et amis de l'abbaye de Boscodon participent aux offices religieux, célébrés plusieurs fois par jour.

Des visiteurs partagent le silence des repas dans le réfectoire de Saint-Wandrille, le plus ancien d'Occident

Les moines bénédictins, réinstallés depuis 1931 dans la puissante abbaye de Saint-Wandrille, ont le privilège, que partagent régulièrement des visiteurs, de prendre leurs repas dans le plus ancien réfectoire monastique d'Occident, construit en 1027. De belles proportions (33,5 mètres de long, 9 de large et 13 de haut), la salle a été décorée au XIIe siècle d'une fine arcature dont les arcs entrecroisés reposent sur d'élégantes colonnettes. Le plafond voûté, lambrissé en carène de vaisseau renversée, est sous-tendu depuis le XVe siècle par une charpente apparente en chêne. Afin que la lumière coule à flots dans l'édifice, les murs ont été progressivement percés d'une baie rayonnante au XIVe siècle, de huit fenêtres en tiers-point au XVe et de nouvelles ouvertures au XVIIe. L'ensemble a été soigneusement restauré, sous la direction des Monuments historiques, entre 1993 et 1997. Les quelque quarante moines de Saint-Wandrille se réunissent dans ce décor majestueux pour chaque repas. Ils gardent, selon la volonté de saint Benoît, « un silence parfait de sorte qu'on n'entende aucun chuchotement ni parole, mais seule la voix du lecteur ».

La tradition est respectée. En revanche, le contenu des lectures a évolué. Elles sont consacrées à l'actualité profane, telle la récente guerre d'Irak, pendant le repas de midi (en libre-service), et aux hagiographies le soir. Les moines récitent le bénédicité avant de rompre le pain et remercient Dieu pour ses bienfaits en fin de service. Des laïcs, étudiants, hommes d'affaires ou retraités, logés dans l'hostellerie, peuvent presque toute l'année s'isoler du monde à l'abbaye.

Les jardins paisibles de l'abbaye de Saint-Wandrille abritent également la dernière demeure des moines noirs

Les moines sont en principe tenus, par le vœu de stabilité, de séjourner jusqu'à la fin de leurs jours dans l'abbaye qui les accueille.

Au Moyen Âge, la mort donnait lieu à une série de rituels, de la confession du mourant à l'onction de certaines parties de son corps. Le défunt, sanglé dans sa robe de bure, était porté à l'église pour la veillée funèbre. La communauté participait à la mise en terre en récitant des psaumes et des prières, selon la liturgie de l'ordre. Le deuil durait au moins trente jours et la nouvelle était annoncée « par la poste » aux autres monastères. Un religieux battait la campagne à cet effet, portant le « rouleau des morts » où chacun inscrivait ses condoléances sur des parchemins cousus ensemble, si bien que le document finissait par atteindre 8 ou 9 mètres de long !

À Saint-Wandrille, un nouveau cimetière, à l'ombre de la chapelle Notre-Dame de Caillouville, abrite depuis 1972 le corps des moines défunts.

Fondée au XIXe siècle, l'abbaye de la Pierre-Qui-Vire s'emploie à maintenir vivante la mémoire du passé

C'est au cours d'un voyage en Italie que le père Jean-Baptiste Muard, prêtre du diocèse de Sens, découvre sa vocation monastique en même temps que la règle de saint Benoît. De retour en France, il installe en 1850 la communauté de la Pierre-Qui-Vire dans les hautes forêts du Morvan. Il y mourra en 1854 et son corps sera inhumé dans la crypte. L'église abbatiale, consacrée en 1871, a été profondément remaniée et agrandie à l'époque contemporaine (1992), ainsi que le cloître et les autres bâtiments, à commencer par les dortoirs. Les moines y disposent d'une cellule individuelle où ils peuvent à la fois se recueillir et poursuivre leurs recherches. L'abbaye anime en effet l'importante maison d'édition du Zodiaque, spécialisée dans l'histoire religieuse et monastique. Elle possède également des terres agricoles, avec une ferme pratiquant l'agriculture biologique et une laiterie aux normes européennes, gérées par des laïcs. Mais cette modernité ne détourne pas les moines de leur vocation, et les temps de prière sont scrupuleusement respectés. Le portail de l'église, où veille un frère accueillant, est ouvert aux visiteurs appelés à rencontrer celui qui a dit : « Il faut que je vienne demeurer chez toi »... Malgré la crise des vocations, des hommes et des femmes entendent encore cette invitation au silence qui fait, depuis des siècles, la grandeur des abbayes.

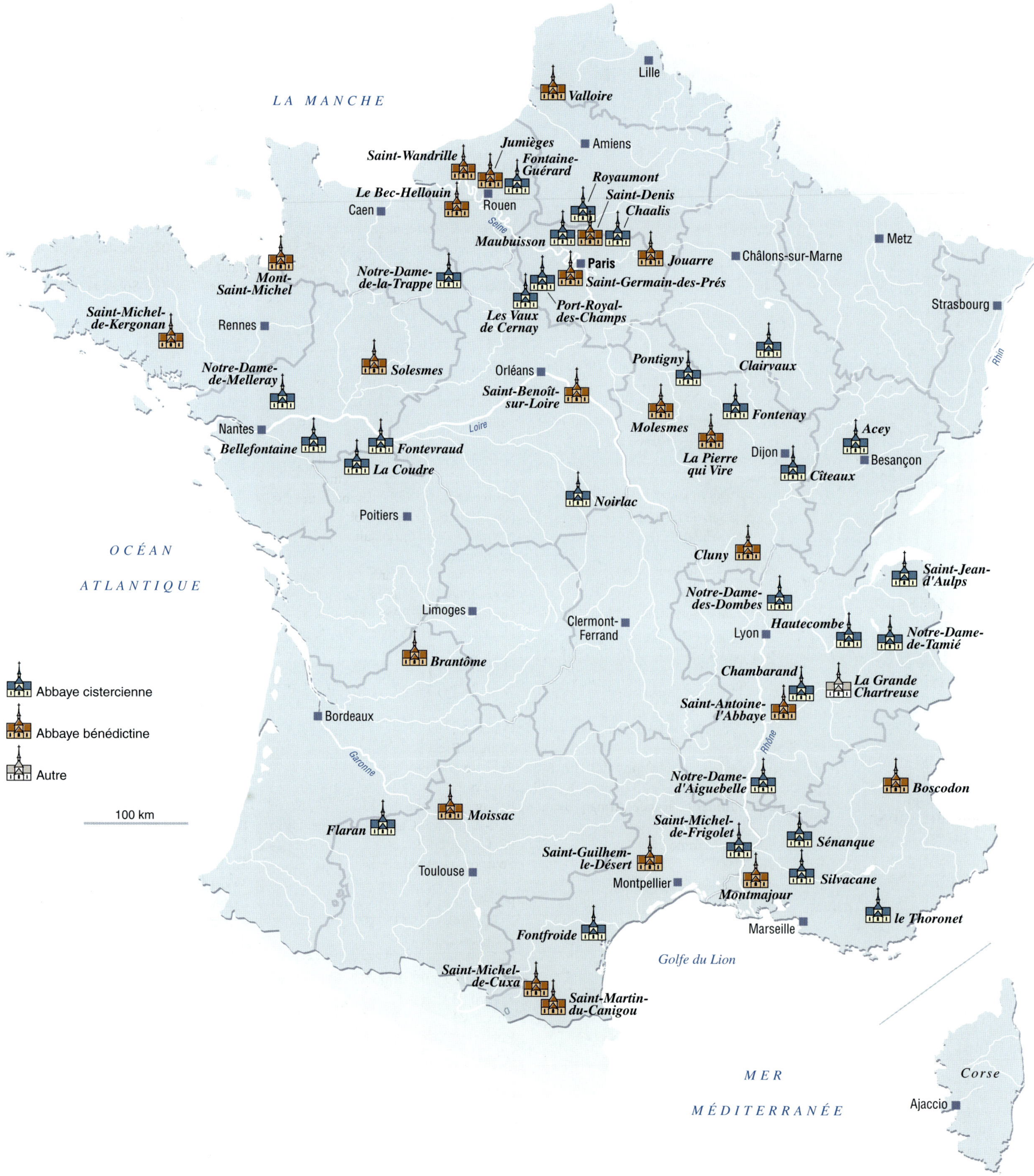

LA MANCHE
OCÉAN
ATLANTIQUE
MER
MÉDITERRANÉE
Golfe du Lion
Corse
Lille
Amiens
Rouen
Caen
Paris
Châlons-sur-Marne
Metz
Strasbourg
Rennes
Nantes
Orléans
Dijon
Besançon
Poitiers
Limoges
Clermont-Ferrand
Lyon
Bordeaux
Toulouse
Montpellier
Marseille
Ajaccio
Seine
Loire
Rhin
Rhône
Garonne
Valloire
Saint-Wandrille
Jumièges
Fontaine-Guérard
Le Bec-Hellouin
Royaumont
Saint-Denis
Chaalis
Maubuisson
Jouarre
Mont-Saint-Michel
Notre-Dame-de-la-Trappe
Saint-Germain-des-Prés
Les Vaux de Cernay
Port-Royal-des-Champs
Saint-Michel-de-Kergonan
Solesmes
Pontigny
Clairvaux
Notre-Dame-de-Melleray
Saint-Benoît-sur-Loire
Molesmes
Fontenay
Acey
Bellefontaine
Fontevraud
La Coudre
La Pierre qui Vire
Cîteaux
Noirlac
Cluny
Saint-Jean-d'Aulps
Notre-Dame-des-Dombes
Hautecombe
Notre-Dame-de-Tamié
Brantôme
Chambarand
La Grande Chartreuse
Saint-Antoine-l'Abbaye
Notre-Dame-d'Aiguebelle
Boscodon
Moissac
Flaran
Saint-Michel-de-Frigolet
Sénanque
Saint-Guilhem-le-Désert
Silvacane
Montmajour
le Thoronet
Fontfroide
Saint-Michel-de-Cuxa
Saint-Martin-du-Canigou
Abbaye cistercienne
Abbaye bénédictine
Autre
100 km

Index

Origine des documents photographiques

Pages 4/5, O. MARTEL ; 6/7, B. GARDEL / IMAGEFRANCE.COM ; 8, H. CHAMPOLLION ; 11, J.-L. BARDE / SCOPE ; 12 g., 12 d., G. DAGLI ORTI ; 13 g., G. BIOLLAY / DIAF–PHOTONONSTOP ; 14/15, H. CHAMPOLLION ; 15, G. DAGLI ORTI ; 16/17, G. SIOEN / RAPHO ; 18, J. DU SORDET / ANA ; 18/19, G. DAGLI ORTI ; 20/21, P. COURAULT ; 22, BRIDGEMAN–GIRAUDON ; 23, MORAND GRAHAME / HOA-QUI ; 24/25, N. PASQUEL / SCOPE ; 26, F. LECHENET / IMAGEFRANCE.COM ; 27, J. GUILLARD / SCOPE ; 28, P. WYSOCKI–S. FRANCES / IMAGEFRANCE.COM ; 28/29, R. MAZIN / DIAF–PHOTONONSTOP ; 30, D. THIERRY / PHOTONONSTOP ; 30/31, G. DAGLI ORTI ; 32 / 33, J.-L. BARDE / SCOPE ; 34, J.-L. CAVELIER / SUNSET ; 37, H. CHAMPOLLION / TOP ; 38, N. PASQUEL / SCOPE ; 39, E. JOBIN / ANA ; 40, G. DAGLI ORTI ; 41, G. DAGLI ORTI ; 42/43, S. MOIRENC / WALLIS ; 44, J. NICOLAS / IMAGEFRANCE.COM ; 45, J. NICOLAS / IMAGEFRANCE.COM ; 46/47, O. MARTEL ; 48/49, A. ÉDOUARD / PHOTONONSTOP ; 49, G. GUITTOT / PHOTONONSTOP ; 50 / 51, H. CHAMPOLLION ; 52, G. DAGLI ORTI ; 52/53, A.-J. CASSAIGNE / PHOTONONSTOP ; 54/55, E. BARET / SUNSET ; 56, O. MARTEL ; 57, A. FÉLIX / IMAGEFRANCE.COM ; 58/59, DE SUZA / RAPHO ; 60, O. MARTEL ; 60/61, O. MARTEL ; 62, M. GOTIN / IMAGEFRANCE.COM ; 65, SIMEONE / PHOTONONSTOP ; 66, L. CLERGUE ; 67 g., N. HAUTEMANIERE / SCOPE ; 67 d., N. HAUTEMANIERE / SCOPE ; 67 m., N. HAUTEMANIERE / SCOPE ; 68/69, S. FRANCES–P. WYSOCKI / IMAGEFRANCE.COM ; 70, P. WYSOCKI / IMAGEFRANCE.COM ; 71, LANGELAND / DIAF–PHOTONONSTOP ; 72/73, F. GUIZIOU / IMAGEFRANCE.COM ; 74, LOU GRIVE / GRANDEUR NATURE ; 75, H. CHAMPOLLION / TOP ; 76/77, J. DAMASE / PHOTONONSTOP ; 78, P.COURAULT ; 79, P. COURAULT ; 80, G. THOUVENIN / EXPLORER ; 81, F. JALAIN / HOA-QUI ; 82/83, H. CHAMPOLLION ; 84, H. CHAMPOLLION ; 85, J. GUILLARD / SCOPE ; 86/87, F. GUIZIOU / IMAGEFRANCE.COM ; 88 /89, J.-M. BLACHE-MISSION / WALLIS ; 91, P. SOMELET / PHOTONONSTOP ; 92 g., 92 d., 93 g., 93 d., 94, G. DAGLI ORTI ; 94/95, BRIDEGEMAN-GIRAUDON ; 96, S. WEISSE / RAPHO ; 97, E. JOBIN / ANA ; 98, B.RIEGER / IMAGEFRANCE.COM ; 99, O. MARTEL ; 100 / 101, J.-B. RABOUAN / IMAGEFRANCE.COM ; 101 g., 101 d., PRATT-PRIES / PHOTONONSTOP ; 102 / 103, J. SIERPINSKI / TOP ; 104, D. BARNES / SDP–PHOTONONSTOP ; 105, G. BIOLLAY / DIAF–PHOTONONSTOP ; 106/107, LANGELAND / DIAF–PHOTONONSTOP ; 108, B. RIEGER / IMAGEFRANCE.COM ; 109, F. LE DIVENAH / PHOTONONSTOP ; 110/111, SAYOUN / WALLIS ; 112, E. PLANCHARD / DIAF–PHOTONONSTOP. 113, THIERRY / DIAF–PHOTONONSTOP ; 114, O. MARTEL ; 117, LOU GRIVE / GRANDEUR NATURE ; 118 g., R. MAZIN / DIAF–PHOTONONSTOP ; 118 d., R. MAZIN / DIAF–PHOTONONSTOP ; 119 g., O. MARTEL ; 119 d., B. RIEGER / IMAGEFRANCE.COM ; 120 à 125, O. MARTEL ; 126/127, P. CHEUVA / PHOTONONSTOP ; 128, R. MAZIN / PHOTONONSTOP ; 129 ; R. MAZIN / PHOTONONSTOP ; 130, O. MARTEL ; 130/131, J.-M. BLACHE-MISSION / WALLIS ; 132, 133 g., O. MARTEL ; 133 d., THIERRY / DIAF–PHOTONONSTOP ; 134/135, MARGE / SUNSET ; 136, H. CHAMPOLLION / TOP ; 137, B. RIEGER / IMAGEFRANCE.COM ; 138, H. CHAMPOLLION / TOP ; 139, J.-E. PASQUIER / RAPHO ; 140, J.-E. PASQUIER / RAPHO ; 141, H. CHAMPOLLION / TOP, 142 carte, L. SCHLOSSER.
Couverture, N. THIBAUT / HOA-QUI. Quatrième de couverture, J.-L. CAVELIER / SUNSET.

Éditions SOLAR
Direction : Dominique Raynal
Responsabilité éditoriale : Corinne Césano, Bénédicte Baussan
Secrétariat d'édition : Serge Gras
Iconographie et maquette : Bernadette Allain

Si vous souhaitez recevoir le catalogue des Éditions SOLAR,
envoyez votre demande à l'adresse suivante :
Éditions SOLAR, 12 avenue d'Italie, 75013 Paris
Internet : www.solar.tm.fr

Éditions GEO
Direction éditoriale : Jean-Luc Marty
Direction développement : Dominique Fleurmont, Pierre-Olivier Bonfillon

Si vous souhaitez recevoir le catalogue des Éditions GEO,
envoyez votre demande à l'adresse suivante :
Éditions GEO, 62067 Arras Cedex 9
Internet : www.geomagazine.fr

Mise en page et photogravure : Point 4, 64, rue de Turenne - Paris
Imprimé en France par Mame Imprimeurs à Tours

ISBN : 2 263 03493 5
Code Éditeur : SO 3493
Dépôt légal : septembre 2003